명화편

초등 숙제 왕!
이 그림으로 말할 것 같으면!

초등 숙제 왕! 명화편
이 그림으로 말할 것 같으면!

1판 1쇄 인쇄 2025년 12월 8일
1판 1쇄 발행 2025년 12월 17일

글쓴이 오주영 **그린이** 토리아트
발행인 오영진 김진갑 **발행처** 제제의숲
기획편집 홍혜미 **편집팀장** 이희자
디자인팀 김현주 **마케팅** 박시현 박준서 김승겸 박가영
출판등록 2013년 1월 25일 제2013-000028호
주소 서울시 마포구 월드컵북로5가길 12 서교빌딩 2층
원고 투고 및 독자 문의 midnightinzeze@naver.com
전화 02-332-7706 **팩스** 02-332-7741
블로그 blog.naver.com/midnightbookstore
페이스북 www.facebook.com/tornadobook

ISBN 979-11-5873-344-5 73600

제제의숲은 ㈜심야책방의 자회사입니다.
이 책은 저작권법에 따라 보호를 받는 저작물이므로 무단전재와 무단복제를 금하며,
이 책 내용의 전부 또는 일부를 사용하려면 반드시 저작권자와 제제의숲의 서면 동의를 받아야 합니다.

잘못되거나 파손된 책은 구입하신 서점에서 교환해 드립니다.
맞춤법과 띄어쓰기는 국립국어원의 기준에 따랐습니다.
책 모서리가 날카로워 다칠 수 있으니 사람을 향해 던지거나 떨어뜨리지 마십시오.
종이에 베이지 않게 주의하세요. 책값은 뒤표지에 있습니다.

명화편

초등 숙제 왕!

이 그림으로 말할 것 같으면!

오주영 글 | 토리아트 그림

제제의숲

이 책의 활용 방법

초등학교 교과서에 나오는 **명화** 가운데 우리가 기억해 두면 좋을 세계의 명화 38점과 우리나라의 명화 12점, 모두 50점을 선별하여 소개했습니다. 특정 나라나 작가, 시기, 미술 사조에 치우치지 않고 고루 선별하여 처음 명화를 접하는 아이들이 읽기에 알맞은 입문서입니다. 또한 제작 연대순으로 나열하여 미술사의 흐름도 자연스럽게 익힐 수 있습니다.

펼침면의 왼쪽 면에는 명화와 함께 그림을 그린 화가, 화가의 국적, 제작 연도, 재료, 소장처 등을 정리해 놓았고, 그 명화를 한마디로 표현하여 왼쪽 면만 보더라도 **명화에 대한 핵심 정보**를 알 수 있습니다. 오른쪽 면에는 그림을 그린 **화가가 직접 명화의 감상 포인트를 세세하게 짚어 주어** 생생하면서도 친근감 있게 정보를 전달합니다.

또 본문에서 진하게 표시한 미술 관련 어휘들을 마지막에 모아 초등학생 눈높이에 맞춰 알기 쉽게 설명해 주기 때문에 내용을 보다 잘 이해할 수 있습니다.

맨 뒤쪽에 있는 숙제 부록은 **명화에 대한 핵심 정보**가 담긴 명화 카드를 작품명의 가나다 순서대로 배치했습니다. 카드의 앞면에는 명화가, 뒷면에는 작품과 화가에 대한 간략한 설명이 담겨 있습니다. 절취선이 있어 손으로 쉽게 톡톡 뜯어 활용할 수 있습니다.

◆본문

- 명화의 제목
- 명화의 핵심 정보
- 명화에 대한 설명
- 명화 관련 일러스트
- 명화 소개 한 마디 

◆부록

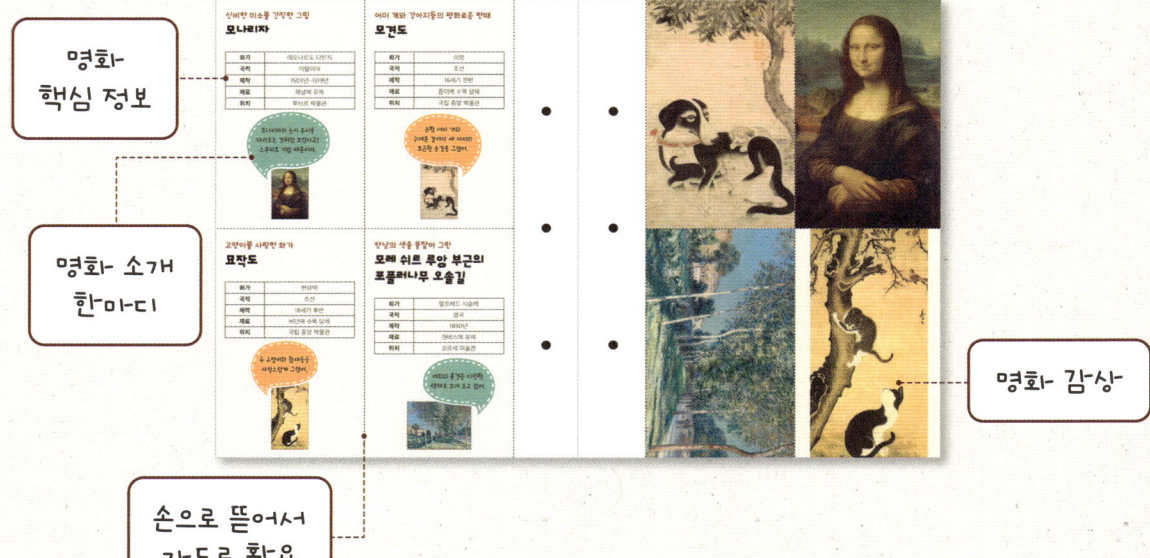

- 명화 핵심 정보
- 명화 소개 한마디
- 손으로 뜯어서 카드로 활용
- 명화 감상

차례

이 책의 활용 방법…4

엄숙한 결혼의 서약을 그린 **아르놀피니 부부의 초상**…10

조개껍데기를 탄 여신 **비너스의 탄생**…12

쫑긋쫑긋 귀를 움직일 듯 생생한 **산토끼**…14

신비한 미소를 간직한 그림 **모나리자**…16

인간이 탄생하는 순간 **아담의 창조**…18

무려 50여 명의 철학자를 그린 **아테네 학당**…20

어미 개와 강아지들의 평화로운 한때 **모견도**…22

마당의 작은 생명들을 그림에 담다 **초충도(수박과 들쥐)**…24

흥겨운 시골의 결혼식 풍경 **농부의 결혼식**…26

과일로 그린 맛있는 초상화 **베르툼누스**…28

그림 속 배경이 낮인데 밤으로 알려진 **야경**…30

그림 밖의 풍경까지 상상해 봐! **시녀들**…32

북유럽의 모나리자 **진주 귀고리를 한 소녀**…34

유령이 아니야! **자화상**…36

인왕산의 풍경이 눈앞에 펼쳐지다 **인왕제색도**…38

서양화 기법을 활용해 그린 동양화 **영통동구도**…40

혁명가의 최후를 숭고하게 그린 **마라의 죽음**…42

장단에 맞춰 들썩들썩 덩실덩실 **춤추는 아이**…44

어느 한낮의 갑작스러운 소동 **야묘도추**…46

고양이를 사랑한 화가 **묘작도**…48

쉿! 달밤에 몰래 만난 연인 **월하정인**…50

프랑스 혁명의 정신이 깃든 **민중을 이끄는 자유의 여신**…52

추워진 뒤에야 시들지 않음을 안다 **세한도**…54

매화가 활짝 핀 깊은 산골 외딴 집 **매화초옥도**…56

가난한 사람들의 신성한 노동을 그린 **이삭 줍는 사람들**…58

배경 없이 그려서 인물이 돋보여 **피리 부는 소년**…60

이른 아침 바다의 인상을 담다 **인상, 해돋이**…62

예리한 관찰력으로 포착한 무대 뒤의 풍경 **무용 수업**…64

즐겁게 춤추는 파리의 젊은이들 **물랭 드 라 갈레트의 무도회**…66

파리의 거리를 그림에 담다 **파리의 거리, 비 오는 날**…68

사랑스러운 아이들이 있는 풍경 **해변에서 노는 아이들**…70

콕콕 점을 찍어 그린 그림 **그랑드 자트 섬의 일요일 오후**…72

태양 같은 열정을 담은 **해바라기**…74

한낮의 색을 붙잡아 그린 **모레 쉬르 루앙 부근의 포플러나무 오솔길**…76

폴 고갱이 그린 낙원 **타히티의 여인들**…78

인간의 불안과 고통을 그리다 **절규**…80

세잔의 특별한 사과 **사과와 오렌지**…82

황금처럼 반짝이는 사랑을 담다 **키스**…84

꿈에서 본 정글을 그리다 **꿈**…86

불안한 청춘의 초상 **꽈리 열매가 있는 자화상**…88

시간과 움직임을 그림에 담다 **줄에 매인 개의 움직임**…90

도형과 색으로 그린 얼굴 **세네치오**…92

도형, 선, 색으로 음악을 그리다 **구성 8**…94

어른어른 환영을 붙잡아 화폭에 옮긴 **어릿광대의 사육제**…96

가장 미국적인 미국인의 모습을 그린 **아메리칸 고딕**…98

선과 색으로 그려진 뉴욕 **브로드웨이 부기우기**…100

자신을 그리며 감정을 들여다보다 **테우아나를 입은 자화상**…102

종이로 오려 붙인 청년의 꿈 **이카로스**…104

리듬 있게 휙휙 뿌려진 그림 **가을의 리듬(넘버 30)**…106

우리 민족의 뜨거운 혼을 담다 **황소**…108

미술 어휘…110

사진 출처 및 소장처…112

숙제 부록 카드…114

엄숙한 결혼의 서약을 그린
아르놀피니 부부의 초상

화가 얀 반에이크
국적 네덜란드
제작 1434년
재료 패널에 유채
위치 런던 내셔널 갤러리

> 결혼 서약을 하는 부부의 그림 속에 화가의 모습이 숨어 있어.

나는 화가 얀 반에이크야. 어느 날, 이탈리아 상인 아르놀피니에게 결혼 서약 그림을 그려 달라는 부탁을 받고 〈아르놀피니 부부의 초상〉을 그렸단다.

그림 속 아르놀피니는 오른손을 서약하듯 들고, 왼손으로 새 신부의 오른손을 받치고 있어. 베일을 쓴 새 신부는 왼손으로 긴 치맛자락을 모아 잡고 있어. 부부는 엄숙히 결혼 서약을 하는 중이야.

부부의 복장은 한눈에 봐도 화려해. 신랑은 당시 유행하던 모자에 갈색 모피 코트를 입었고, 신부는 모피를 덧댄 초록 드레스를 입었어. 무역 상인으로 큰돈을 번 아르놀피니는 새 신부와 함께 값비싼 옷으로 몸을 휘감아 부를 과시했어. 창가에 놓인 오렌지도 놓치지 마. 당시 오렌지는 지중해에서 들여오는 귀하디귀한 과일이었어. 아르놀피니가 얼마나 부자였는지를 보여 준단다.

거울 위쪽에 '얀 반에이크가 여기에 있었다. 1434년.'이라는 서명을 남겼어.

나도 이 결혼식의 증인으로 참석했어. 그 모습을 그림 속 거울에 담았지. 거울 위에는 내 서명도 넣었고. 그림만 보고도 많은 걸 알 수 있지?

이 그림은 유화 물감으로 그린 **유채화**야. 기름에 물감을 섞어 바르는 유화 물감을 내가 처음 발명했지. 그래서 사람들은 나를 '유화의 아버지'라고 불러. 나는 유화 물감을 써서 이전의 화가들보다 훨씬 섬세한 색을 표현할 수 있었단다.

조개껍데기를 탄 여신
비너스의 탄생

화가 산드로 보티첼리
국적 이탈리아
제작 1485년경
재료 캔버스에 **템페라**
위치 우피치 미술관

파도에서 태어나 해안으로 건너 온 사랑의 여신 비너스를 화폭에 담았어.

나는 산드로 보티첼리야. 당시 내가 살던 피렌체는 메디치 가문이 지배했는데, 메디치 가문은 화가들에게 종종 그림을 의뢰했어. 나 역시 의뢰를 받고 신화, 종교 등을 주제로 그림을 그렸지. 이 그림도 메디치 가문의 의뢰를 받고 그린 거야.

〈비너스의 탄생〉은 바다 거품에서 태어난 비너스 여신이 조개껍데기를 타고 해안으로 밀려오는 모습을 그린 거야. 비너스는 고대 그리스 로마 신화에 나오는 사랑과 아름다움의 여신이야. '아프로디테'라고도 해.

그림 속 조개껍데기를 탄 여신 비너스가 손과 머리카락으로 벌거벗은 몸을 살포시 가리고 있어. 비너스의 왼편에는 서풍의 신 제피로스가 있고, 그의 아내이자 요정인 클로리스가 품에 안겨 있지. 제피로스가 입으로 바람을 불어 비너스가 탄 조개껍데기를 해안까지 밀어 주고 있어. 오른편에서는 계절의 여신 호라이가 꽃이 그려진 장미색 망토를 비너스에게 덮어 주려 해.

그림이 섬세하고 우아하지? 내가 화가가 되기 전에 금 세공사로 일한 덕분이야. 그래서 누구보다 섬세하게 선을 쓰고 색을 칠할 수 있단다.

↳ 여신의 모델이 된 사람은 당시 피렌체의 최고 미인으로 꼽히던 시모네타 베스푸치야.

쫑긋쫑긋 귀를 움직일 듯 생생한
산토끼

화가 알브레히트 뒤러
국적 독일
제작 1502년
재료 종이에 수채
위치 알베르티나 미술관

산토끼가 금방이라도 귀를 쫑긋할 것처럼 생생하지?

〈산토끼〉는 나, 알브레히트 뒤러가 수채 물감으로 그린 **수채화**야. 가로 22센티미터, 세로 25센티미터 크기의 작은 종이에 그렸어. 하지만 자세히 보면 수염이며 눈썹까지 털 한 올 한 올 세밀하게 그렸단다.

웅크려 앉아 있는 토끼를 봐. 귀는 쫑긋 솟아 있고, 앞발은 가지런히 모았어. 왼편에서 들어온 햇살에 토끼의 갈색 털이 금빛으로 반짝여. 귀와 얼굴을 덮은 짧은 털은 보드랍고, 몸을 덮은 복슬복슬한 털은 풍성해 보이는 게 너무 귀엽지 않니?

나는 판화를 널리 보급한 걸로도 유명해. 판화란 나무나 금속 등으로 된 판에 그림을 새기고 색을 칠한 뒤에 종이나 천을 대고 찍어서 만든 그림을 말해. 나는 판화를 한 번에 여러 장씩 찍어 내어 싼값에 팔았어. 당시 왕족, 귀족 등 대단한 사람만 즐길 수 있던 그림을 평범한 사람들도 즐길 수 있게 한 거야. 내가 만든 판화 그림은 큰 인기를 끌어서 많은 사람이 내 판화를 수집했단다. 그때 내 인기는 미켈란젤로보다도 높았다고! 에헴!

1504년 판화로 제작한 〈아담과 이브〉야. 동판에 금속 조각용 끌을 사용해 새겼지.

신비한 미소를 간직한 그림
모나리자

화가 레오나르도 다빈치
국적 이탈리아
제작 1503년~1519년
재료 패널에 유채
위치 루브르 박물관

모나리자의 눈이 우리를 따라오는 것처럼 보인다고? 스푸마토 기법 때문이야.

이게 그 유명한!

세상에서 가장 유명한 그림이라 하면 〈모나리자〉를 꼽을 거야. 그 그림을 그린 사람이 바로 이 몸, 레오나르도 다빈치란 말씀! 나는 화가이자 발명가, 과학자, 해부학자, 축제 기획자야. 한마디로 다재다능 척척박사라고 할 수 있지.

〈모나리자〉는 피렌체의 비단 상인에게 의뢰를 받아 그린 거야. 상인의 아내 리자 부인을 모델로 그렸는데, 몇 년이 흘러도 스스로 만족할 만큼 완성을 하지 못했어. 그래서 비단 상인에게 파는 대신 평생 내 곁에 두고 조금씩 덧칠해 나갔지.

〈모나리자〉의 눈을 잘 봐. 그림의 왼쪽에 서도, 오른쪽에 서도 모나리자의 눈이 너를 보고 있는 것 같지? 미소도 묘해. 멀리서 보면 기쁜 듯 보이는데, 가까이 다가가면 미소가 흐릿하게 지워지는 것 같아. 이렇게 느끼는 이유는 '스푸마토 기법'으로 그렸기 때문이야. 스푸마토란 색을 안개처럼 자연스럽게 번지게 하는 기법이야. 모나리자의 눈과 입술을 자세히 보면 윤곽선이 또렷하지 않고 부드럽게 명암이 져 있는 걸 알 수 있어.

〈모나리자〉는 원래 크게 유명하지 않았어. 1911년 도난당하고, 2년 뒤인 1913년 반환되면서 유명해졌지.

또 모나리자 뒤편의 배경은 아른아른해. 가까이 있는 길보다 멀리 있는 숲이 더 흐릿하게 보이지? 물체가 멀어질수록 푸르스름해지고 흐릿해지는 '대기 원근법'을 사용해서 그렸기 때문이란다.

날 보고 있어!

인간이 탄생하는 순간
아담의 창조

화가 미켈란젤로 부오나로티
국적 이탈리아
제작 1508년~1512년
재료 프레스코
위치 시스티나 예배당

하느님과 아담의 두 손 끝이 닿는 순간, 이 땅에 인간의 역사가 시작되었어.

바티칸에 있는 시스티나 예배당에 들어가면 누구나 깜짝 놀라. 예배당의 넓은 천장에 세상이 만들어진 이야기가 우주처럼 펼쳐져 있거든.

나는 예배당 천장에 성경 '창세기'의 아홉 장면으로 이루어진 〈천지창조〉를 그렸어. 아홉 장면 중 가장 유명한 것이 천장 한가운데 있는 〈아담의 창조〉야.

〈아담의 창조〉는 하늘의 신과 땅의 아담의 만남을 담았어. 왼쪽에는 최초의 인간, 아담이 땅에 비스듬히 누워 왼손을 뻗고 있어. 그 왼손을 향해 오른손을 뻗으며 하늘에서 가까이 다가오는 분은 하느님이야. 얼굴에는 주름이 패어 있고 머리카락과 수염은 하얗게 세었지만 몸은 누구 못지않게 건장해. 하느님과 아담의 검지 끝이 닿는 순간, 이 땅에서 인간의 역사가 시작될 거야.

이렇게 멋진 그림을 그렸지만, 사실 나 미켈란젤로는 조각가야. 시스티나 성당에 〈천지창조〉를 그리기 전까지 한 번도 프레스코 벽화를 그려 본 적이 없었지. 교황의 간절한 요청을 받고 할 수 없이 천장 벽화를 맡은 거야. 4년 동안 고개를 뒤로 젖힌 채 천장에 물감을 칠해 나가는 고된 작업을 하느라 내 건강은 크게 나빠졌어. 어찌나 힘들었는지 다시는 그림을 그리지 않겠다고 다짐했지. 하지만 이후 교황의 요청을 또 거절하지 못하고 성당 벽에 〈최후의 심판〉을 그렸단다.

↘ 내가 조각한 〈피에타〉야. 커다란 대리석을 깎아 만든 건데, 몸의 근육과 옷의 주름이 정교하게 묘사되어 있지.

무려 50여 명의 철학자를 그린
아테네 학당

화가 라파엘로 산치오
국적 이탈리아
제작 1510년~1511년
재료 프레스코
위치 바티칸 궁 서명의 방

> 고대 그리스의 위대한 철학자 50여 명을 한자리에 모았어.

나는 화가 라파엘로야. 로마 바티칸 궁에서 내게 교황의 방을 장식할 벽화를 그려 달라고 했어. 무엇을 그릴까 고민하다 위대한 고대의 철학자들을 한데 모아 그리기로 했어. 그게 〈아테네 학당〉이야.

그림 속 아테네 학당은 아치 기둥과 계단이 있는 너른 전당이야. 이곳에 대화와 독서, 글쓰기로 학문과 지혜를 나누는 50여 명의 철학자가 모였어. 건물 한가운데에서 걸어오는 두 사람은 고대 그리스 철학자 플라톤과 아리스토텔레스야. 플라톤의 왼편에는 스승인 소크라테스가 사람들과 이야기를 나누고 있어. 층계 아래 왼편에는 철학자이자 수학자인 피타고라스가 사람들에게 둘러싸여 책을 쓰고 있고, 오른편에는 허리를 구부린 수학자 유클리드가 컴퍼스로 제자들에게 무언가를 보여 주고 있어.

나는 나와 같은 시대의 훌륭한 화가들의 그림을 보고 배우는 걸 게을리하지 않았어. 레오나르도 다빈치, 미켈란젤로 같은 화가들의 기법을 연구해 내 그림에 조화롭게 녹여 냈단다. 특히 미켈란젤로가 그린 벽화는 나에게 큰 감동을 주었어. 그래서 그를 〈아테네 학당〉 가운데, 펜을 든 채 난간에 기대어 계단에 앉아 있는 헤라클레이토스의 모델로 그렸지. 현재 나는 다빈치, 미켈란젤로와 함께 최고의 **르네상스 미술**을 이룩한 화가로 꼽히고 있단다.

내 얼굴도 빠뜨릴 순 없지. 검은 모자에 자주색 옷을 입은 사람이 바로 나야.

그림 속에서 내 모습을 찾아봐!

어미 개와 강아지들의 평화로운 한때

모견도

화가 이암
국적 조선
제작 16세기 전반
재료 종이에 **수묵 담채**
위치 국립 중앙 박물관

> 순한 어미 개와 귀여운 강아지 세 마리의 포근한 순간을 그렸어.

〈모견도〉는 '어미 개를 그린 그림'이라는 뜻이야. 어미 개 곁에는 당연히 돌보는 새끼도 있겠지? 이 그림은 어미 개와 새끼 세 마리의 평화로운 한때를 담았어. 어미 개의 다리 사이로 파고든 강아지 두 마리는 젖을 빠느라 바빠. 한 마리는 이미 배부른지 엄마 등에 올라타 행복하게 졸고 있어. 강아지들의 따끈따끈한 체온이 어미 개에게 전해지고, 어미 개의 푸근한 사랑이 강아지들에게 전해지는 흐뭇한 풍경이야.

개의 털이 폭신폭신 부드러워 보이지? 나는 개의 털을 한 올 한 올 그리는 대신 먹의 번지는 성질을 활용해서 몽글몽글한 느낌을 내었어. 칠해 놓은 색이 마를 즈음 가는 붓에 진한 먹을 묻혀 강아지의 몸과 다리, 발가락 등 윤곽을 그렸지.

그림 속 개가 하고 있는 목걸이를 봐. 금색 방울이 달린 빨간 목걸이가 참 예쁘지? 조선 시대에 이런 목걸이를 찬 개는 거의 없었어. 그래서 왕족이 키우던 개일 거라고 추측해.

사람들이 이렇게 추측하는 까닭은 이 그림을 그린 내가 세종 임금님의 고손자인 이암이기 때문이야. 나는 학문을 닦으며 그림을 그린 문인 화가야. 개, 고양이, 매 등 동물을 잘 그렸고, 초상화에도 뛰어나 임금의 초상화인 어진을 그리는 화가로 추천된 적도 있어. 내가 그린 그림은 일본으로도 전해져서 많은 사랑을 받았대. 사랑스러운 동물 그림은 국경을 초월하나 봐.

↘ 조선 중기의 화가 김두량이 그린 〈모견도〉야. 나와 더불어 개를 잘 그린 화가로 손꼽히지.

마당의 작은 생명들을 그림에 담다
초충도(수박과 들쥐)

화가 신사임당
국적 조선
제작 16세기 전반
재료 종이에 채색
위치 국립 중앙 박물관

나비와 패랭이꽃, 수박, 생쥐처럼 집 가까이서 만나는 작은 생명을 그렸어.

나는 조선 시대 여성으로는 흔치 않게 이름을 알린 문인 화가 신사임당이야. 시를 짓고, 글을 쓰고, 그림을 그렸지. 내 그림 가운데 가장 유명한 건 풀과 벌레를 그린 **초충도**일 거야. 나비, 메뚜기, 잠자리, 매미, 맨드라미 등 집 주변에서 만날 수 있는 작은 생명들을 그림에 담았어.

이 그림은 초충도 중 하나인 〈수박과 들쥐〉야. 둥글둥글 수박부터 보자. 가장 작은 수박은 넝쿨에 매달려 있고, 바닥에는 큼지막한 수박 두 덩이가 열려 있어. 해를 잘 받는 수박 꼭지 쪽은 진하게, 해를 덜 받는 밑동 쪽은 연하게 칠해서 수박의 덩어리감을 만들어 주었어. 가장 커다란 수박은 먹음직스러운 빨간 속을 드러내고 있단다. 수박 속에 가득 찬 씨앗이 보이지? 아이를 많이 낳으라는 의미를 담은 거야.

깨진 수박 아래쪽에는 두 마리 들쥐가 있어. 잔칫집에 온 것처럼 신이 나서 수박 속을 갉아 먹고 있어. 들쥐는 재물을 뜻하는 동물이야. 오른편에는 패랭이꽃이 피어 있는데, 이 꽃은 여러해살이풀이라서 장수를 뜻해. 나폴나폴 날고 있는 주홍 나방과 제비나비는 부부 간의 사랑을 뜻한단다.

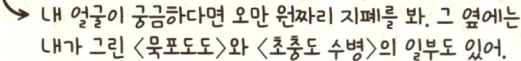

내 얼굴이 궁금하다면 오만 원짜리 지폐를 봐. 그 옆에는 내가 그린 〈묵포도도〉와 〈초충도 수병〉의 일부도 있어.

흥겨운 시골의 결혼식 풍경
농부의 결혼식

화가 피터르 브뤼헐
국적 네덜란드
제작 1568년
재료 패널에 유채
위치 빈 미술사 박물관

> 농부의 결혼 잔치로 창고 안이 떠들썩해. 빵과 스프만으로도 즐거워 보여.

내가 그린 1500년대 네덜란드의 결혼 풍경을 볼래? 허름한 곡식 창고에서 결혼 잔치가 열렸어. 막 결혼식을 치른 신부는 초록 천으로 장식된 벽 아래 다소곳이 앉아 있어. 머리에는 관을 썼고, 구불구불 긴 머리는 곱게 풀었어. 두 눈을 꼭 감은 신부의 볼은 발그레하고 입가에는 미소가 어려 있어. 신부의 오른쪽 끝에는 수도복을 입은 수도사가 촌장으로 보이는 검은 옷을 입은 남자와 이야기를 나누고 있어.

결혼식 손님들이 창고 밖까지 줄을 선 모습이 보이지? 손님들은 숟가락으로 따뜻한 죽을 먹고, 꿀꺽꿀꺽 뭔가를 마시느라 바빠. 두 남자가 문짝에 죽 그릇을 담아 나르고 있는 걸 보니 잔치는 한동안 계속될 듯해. 왼편의 악사 중 한 명은 배가 출출한지 문짝에 실은 죽을 보고 있어. 잔치 음식이라곤 납작한 접시에 담긴 죽과 약간의 빵이 전부지만 모두 즐거워 보여. 사실 당시 네덜란드는 에스파냐에게 식민지 지배를 받고 있을 때라 사정이 좋지 않았거든.

↘ 그림 아래쪽에 빈 접시를 들고 손가락까지 쪽쪽 빠는 아이가 보여. 배가 많이 고팠나 봐.

나는 피터르 브뤼헐이야. 네덜란드 농민들의 소박한 일상을 그림으로 그리는 걸 좋아했어. 또 그림 속에 재미난 이야기를 숨겨 두곤 했지. 1500년대 네덜란드 서민들의 일상이 내 그림에 생생히 담겨 있단다.

과일로 그린 맛있는 초상화
베르툼누스

화가 주세페 아르침볼도
국적 이탈리아
제작 1591년경
재료 캔버스에 유채
위치 스코클로스테르성

모델인 황제 루돌프 2세는 내가 그린 신기하고 재미난 초상화를 좋아했어.

사람일까, 채소일까? 보면 볼수록 재미난 그림이지? 호박 이마, 복숭아 볼, 서양배 코, 체리 입, 밤알 눈, 콩깍지 눈꺼풀, 밀 이삭 눈썹 그리고 머리카락 대신 달려 있는 포도송이, 사과, 배, 체리, 밀까지. 이게 다 합쳐져 사람 얼굴이 되었어.

그림의 모델은 신성 로마 제국의 황제 루돌프 2세야. 나는 루돌프 2세를 고대 로마 신화 속, 계절과 농작물의 풍요를 관장하는 신 베르툼누스로 표현했어. 황제는 내가 바친 이 신기한 초상화를 무척 좋아했어. 과일과 채소, 곡식, 꽃으로 장식된 초상화가 황제의 풍요로운 통치와 번영을 뜻하기 때문이지.

나는 신성 로마 제국의 궁정 화가 주세페 아르침볼도야. 채소, 꽃, 과일, 곡식, 물고기, 책 등 여러 사물을 활용해 지금껏 누구도 그린 적 없는 독특한 초상화를 그렸어. 내가 그린 새롭고 유쾌한 초상화는 인물을 그린 초상화이자, 동시에 정물을 그린 **정물화**이기도 해서 '이중 그림'이라고 불린단다.

이 그림의 모델인 황제 루돌프 2세야. 어때? 그림과 닮은 것 같니?

그림 속 배경이 낮인데 밤으로 알려진
야경

화가 렘브란트 하르먼스 판레인
국적 네덜란드
제작 1642년
재료 캔버스에 유채
위치 암스테르담 국립 미술관

민병대의 단체 초상화야. 마치 연극 무대의 한 장면 같지 않니?

나는 '빛의 마술사'라고 불리는 렘브란트야. 순찰하고 있는 암스테르담 시민 민병대의 모습을 담은 〈야경〉이 내 대표작이지. 민병대장인 프란스 반닝 코크 대장이 나에게 민병대의 **단체 초상화**를 의뢰해 그렸어.

그림 한가운데 있는 두 사람이 민병대의 대장과 부대장이야. 그 뒤로 화승총과 깃발을 든 부대원들이 보여. 대장의 왼쪽에 화관을 쓴 소녀는 허리에 화승총을 상징하는 닭을 차고 있어. 이 소녀가 민병대를 상징하는 마스코트인 셈이지.

나는 젊을 때부터 죽기 전까지 80점이 넘는 **자화상**을 그렸어.

이 그림은 빛과 어둠을 강렬하게 대비한 작품이야. 가운데에 무대 조명 같은 빛을 비추고, 사람들의 각기 다른 움직임을 담아 한 편의 연극 무대 같은 장면을 만들었어. 에스파냐로부터 독립을 하기 위해 투쟁하던 네덜란드 시민 민병대의 자부심을 멋지게 표현했지.

참, 이 그림의 원래 제목은 〈프란스 반닝 코크와 빌럼 반 루이텐부르크의 민병대〉야. 사실 나는 밤이 아닌 낮에 순찰을 하고 있는 모습을 그렸어. 그런데 그림을 보호하기 위해 칠한 광택제가 시간이 지나면서 어둡게 변해 낮이 아닌 밤처럼 보이게 되고 말았어. 그로 인해 나중에 '야간 경비'라는 뜻의 〈야경〉이란 제목이 붙었단다.

난 분명히 낮에 순찰하는 걸 그렸는데!

그림 밖의 풍경까지 상상해 봐!
시녀들

화가 디에고 벨라스케스
국적 에스파냐
제작 1656년경
재료 캔버스에 유채
위치 프라도 미술관

작품 속 인물들의 시선을 들여다봐. 누가 누구를 보고 있을까?

나는 에스파냐 왕실이 사랑한 화가 디에고 벨라스케스야. 〈시녀들〉은 내가 알카사르 궁전의 작업실에서 그린 그림이야. 이 그림에는 무려 열한 명의 사람이 등장해. 왼쪽에는 그림을 그리는 화가가 있고, 가운데에는 다섯 살쯤 된 마르가리타 공주가 있어. 양쪽에는 두 시녀가 공주를 돌보고 있지. 오른쪽에 앉아 있는 개 뒤에는 두 명의 난쟁이가 보여. 이들 뒤로 시녀장과 수행원이 있고, 저 뒤편 문으로 시종이 들어오고 있어. 그 문 옆에 있는 거울에는 왕과 왕비가 비치고 있지.

거울에 비친 왕과 왕비의 모습을 그려 넣어 실제로 왕과 왕비가 화가의 앞쪽, 즉 관람자의 자리에 있었다는 걸 알 수 있어. 이 그림은 왕과 왕비를 그리고 있는 내 작업실에 구경 온 어린 공주의 일행을 담은 장면이야. 초상화의 모델을 서고 있던 왕과 왕비가 공주 일행과 서로 바라보고 있는 모습을 상상해 봐. 이런 시선의 교차가 묘함을 만들고, 그래서 이 그림을 더 매력적으로 만든단다.

에스파냐 왕실의 궁정 화가였던 나는 펠리페 4세 왕과 그의 가족을 많이 그렸어. 다른 화가들은 왕의 초상화를 본래보다 더 아름답게 그린 반면, 나는 사실적으로 그렸어. 다행히 왕은 내가 그린 초상화를 가장 마음에 들어 했단다.

↘ 나는 거울을 통해 그림 밖의 풍경까지 상상하게 했어.

↘ 펠리페 4세는 자신의 초상화를 나 말고는 아무도 그리지 못하도록 명령했어.

북유럽의 모나리자
진주 귀고리를 한 소녀

화가 얀 페르메이르
국적 네덜란드
제작 1665년경
재료 캔버스에 유채
위치 마우리츠하위스 미술관

> 뒤돌아보는 소녀의 청초한 눈과 맑은 표정에 마음을 빼앗길 거야.

나는 네덜란드 델프트 지방의 화가 얀 페르메이르야. 주로 델프트의 풍경이나 고요한 집 안의 일상 풍경 등을 그렸어. 나는 살아서는 별다른 이름을 얻지 못했는데, 죽고 200여 년이 흐른 뒤에야 재평가를 받으며 유명해졌지. 그중에서도 〈진주 귀고리를 한 소녀〉는 '북유럽의 모나리자'로 불리며 지금도 많은 사랑을 받고 있어.

그림을 봐. 머리를 터번으로 감싼 소녀가 고개를 살짝 틀어 관객을 바라보고 있어. 부드러운 빛이 소녀의 얼굴에 떨어져 청초한 눈과 곧게 뻗은 코, 촉촉한 입술을 더 환하고 부드럽게 만들지. 살짝 벌린 입술로 무슨 말을 하려는 걸까? 귀에 달린 진주 귀고리는 소녀가 하고 있는 하나뿐인 장식이야. 빛을 머금고 하얗게 빛나는 커다란 진주알이 소녀를 더 맑고 신비롭게 보이도록 해. **명암** 대비가 멋진 그림이지?

그림 속 소녀가 두른 푸른색 터번은 '울트라 마린'이라는 안료로 칠한 거야. 이 그림을 그린 1600년대에는 울트라 마린의 가격이 황금보다도 비쌌어. 보석인 청금석을 가루로 내어 만들었거든. 나는 예수나 성모 마리아의 의상 등을 그릴 때에나 쓰는 울트라 마린으로 터번을 칠해서 소녀에게 성스러움을 더했단다.

내가 그린 〈우유를 따르는 여인〉 속 치마도 울트라 마린을 사용했어.

금보다 비싼 울트라 마린으로 칠했어!

유령이 아니야!
자화상

화가 윤두서
국적 조선
제작 1710년경
재료 종이에 수묵 담채
위치 고산 윤선도 전시관

공중에 얼굴만 떠 있는 유령 같다고? 옷 부분이 지워져서 그래.

저절로 눈이 가는 그림이지? 이글이글 불꽃처럼 뻗은 수염이 얼굴을 감싸고 있어. 두 눈은 보는 사람의 마음을 꿰뚫을 듯 부리부리하고, 눈썹은 위로 솟아 있어. 꾹 다문 두툼한 입술 위로 수염이 무성해. 이 그림은 내가 나를 그린 자화상이야. 나는 조선 후기의 선비, 공재 윤두서란다.

나는 이 자화상을 미완성으로 남겨 두었어. 얼굴 아래 버드나무 숯(유탄)으로 선비가 입는 도포의 **밑그림**만 그리고 그 위에 먹선을 그리지 않았지. 내가 죽은 뒤 시간이 흘러 유탄으로 그린 부분이 지워지고 말았어. 그 탓에 목 아래 몸통이 없고, 얼굴만 둥둥 떠 있는 유령처럼 보이게 되었어. 사람들은 세상을 똑바로 바라보는 내 눈과 치켜뜬 눈썹, 타오르는 것 같은 수염에서 호랑이가 떠오른대. 선비의 당당함과 강렬함이 담겨 있기 때문인가 봐.

내가 살던 1700년대는 혼란한 때였어. 양반들은 끼리끼리 당파를 만들어 다른 당파와 다툼을 벌였어. 그로 인해 많은 선비가 벼슬에서 쫓겨나거나 목숨을 잃었지. 그 때문에 나는 과거 시험에 붙고도 벼슬에 오르지 않고 고향인 해남에서 평생 묵묵히 학문만 닦았단다.

↘ 내가 그린 〈자화상〉은 당시 보기 드문 화풍이었어. 그래서 독일 화가 알브레히트 뒤러의 〈자화상〉에서 영향을 받았다고 주장하는 사람도 있어. 정말 그럴까?

인왕산의 풍경이 눈앞에 펼쳐지다
인왕제색도

화가 정선
국적 조선
제작 1751년
재료 종이에 수묵
위치 국립 중앙 박물관

바위산인 인왕산의 비 온 뒤 풍경을 그렸어. 이 그림은 우리 땅 우리 풍경을 담은 진경산수화야.

어느 날, 장대 같은 비가 내리기 시작하더니 몇 날 며칠 비가 끊이지 않았어. 한참 만에 날이 개자 나는 서둘러 붓을 들었어. 먹 하나로 진하게, 연하게 농담을 조절해 가며 멋진 풍경을 그려 나갔지. 그렇게 완성한 그림이 〈인왕제색도〉야. 그림 제목의 '제색'은 '비가 갠 뒤의 맑고 산뜻한 풍경'을 뜻해.

그림 속 구불구불 휘어진 산등성이를 봐. 바위 골짜기로 세 줄기 폭포가 흘러내리고 있어. 큰 비가 오랫동안 내린 뒤 날이 개며 생겨난 폭포수야. 그 아래쪽에는 물안개가 자욱해. 인왕산 아래 안개가 걷힌 자리에 집 한 채가 오롯이 드러나 있는데, 이곳은 내 오랜 친구 이병연의 집이야.

오늘날 인왕산의 모습과 비교해 봐. 둥글둥글한 산머리가 좀 닮아 보이지 않니?

이병연이 큰 병으로 앓아눕자 나는 오랫동안 내리던 비가 멈추고 날이 갠 것처럼 친구 또한 훌훌 병을 떨치기 바라는 마음을 담아 이 그림을 그렸어. 하지만 안타깝게도 이병연은 끝내 일어나지 못하고 세상을 떠났어.

나는 겸재 정선이야. 다른 사람들이 중국을 배경으로 한 산수화를 그릴 때 나는 우리나라 강산을 여행하며 아름다운 우리 산과 강을 직접 보고 그림으로 옮겼어. 내 그림은 큰 인기를 끌며 조선에 '**진경산수화**'라는 새로운 산수화를 탄생시켰단다.

서양화 기법을 활용해 그린 동양화
영통동구도

화가 강세황
국적 조선
제작 1757년경
재료 종이에 수묵 담채
위치 국립 중앙 박물관

큰 바위 사이로 난 산길을 나귀 탄 선비가 지나가고 있어.

나는 표암 강세황이야. 장원 급제 후 예조 판서까지 올랐던 문인 화가지. 학문뿐 아니라 그림 실력도 뛰어났어. 조선 최고의 화가로 이름난 단원 김홍도가 내 그림 제자란다.

1757년 친구의 초대를 받아 송도(개성)로 여행을 떠났는데, 이 여행길에서 본 송도와 주변의 오관산, 천마산, 성거산을 그림과 글로 남겨 《송도기행첩》을 엮었어. 가벼운 마음으로 여행하며 그려서일까? 《송도기행첩》 속 그림은 개성적이고 자유분방해. '영통동 입구'라는 뜻의 〈영통동구도〉는 특히나 더 새롭고 재미있어.

나는 부드러운 능선의 산 아래쪽에 어지러이 놓인 바위들을 엷은 먹과 초록으로 칠해 묵직한 **양감**을 만들었어. 단순하고 간결한 풍경 속 대담하게 그린 바위의 모습이 신선하지? 나는 이 그림에 새로운 실험을 했어. 거리에 따라 크기를 다르게 하는 **원근법**과 명도 차이로 입체감을 표현하는 명암법 같은 서양화 기법을 활용한 거야. 동양화에 서양화의 기법을 섞은 거지.

참, 그림 왼쪽에 쓴 글은 "영통동 가는 길, 어지러이 놓인 집채만 한 바위에 푸른 이끼가 끼어 있어 깜짝 놀랐다."라는 뜻이야.

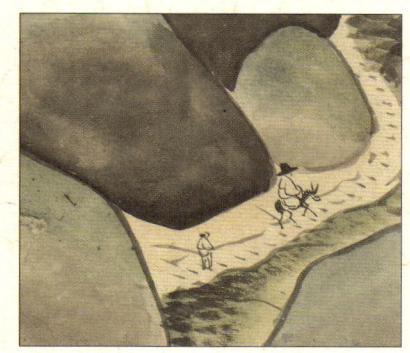

바위 사이로 난 오솔길에 있는 나귀 탄 선비와 하인도 놓치지 마. 바위가 얼마나 큰지 짐작할 수 있을 거야.

우아~, 바위가 집채만 해!

혁명가의 최후를 숭고하게 그린
마라의 죽음

화가 자크 루이 다비드
국적 프랑스
제작 1793년
재료 캔버스에 유채
위치 벨기에 왕립 미술관

프랑스 혁명의 지도자를 순교자로 표현했어.

나는 자크 루이 다비드야. 내가 살았던 시대에 프랑스는 소수의 왕족과 귀족에게 지배를 받는 계급 사회였어. 일반 시민에게는 어마어마한 세금이 부과되었지. 이에 불만이 쌓여 가던 시민들은 마침내 1789년 프랑스 시민 혁명을 일으켰어. 당시 국왕이었던 루이 16세와 왕비 마리 앙투아네트는 단두대에서 처형되었어.

이때 이들의 처형을 이끈 급진적인 혁명가가 바로 장 폴 마라야. 마라는 시민들을 위해 싸웠지만, 한편 혁명을 위한다는 이유로 계속해서 수많은 사람을 처형하도록 했어. 나는 내 친구 마라를 지지했지만 급진적인 마라를 반대하던 사람도 많았어. 결국 반대파였던 여인 코르데에게 마라는 욕조에서 칼에 찔려 죽임을 당했어.

나는 마라를 가장 숭고한 모습으로 남기고 싶어서 〈마라의 죽음〉을 그렸어. 머리에 하얀 수건을 감고 욕조에 비스듬히 누운 채 죽어 있는 마라의 얼굴은 평화로워 보여. 손에 든 펜과 종이는 바닥에 놓인 칼과 대비되며 죽는 순간까지 시민들을 위해 일했던 마라의 비극을 보여 줘. 또 쇄골 아래 칼에 찔린 상처는 창에 찔린 예수를 떠올리게 해. 어두운 배경은 고요함과 엄숙함을 만들고, 오른편에서 마라의 머리와 어깨로 떨어지는 빛은 마라를 숭고한 순교자처럼 보이게 한단다.

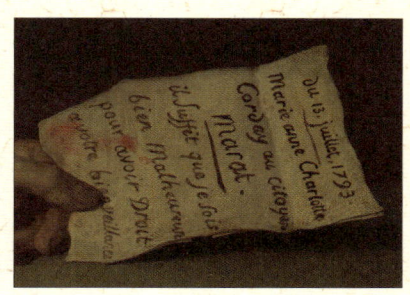

↳ 마라를 죽인 코르데가 가난한 시민으로 위장해서 건넨 종이야. 비참한 자신에게 자비를 베풀어 달라고 쓰여 있지.

장단에 맞춰 들썩들썩 덩실덩실
춤추는 아이

화가 김홍도
국적 조선
제작 18세기 후반
재료 종이에 수묵 담채
위치 국립 중앙 박물관

흥겨운 연주 속에 소년이 즐거이 춤추고 있어.

나는 단원 김홍도야. 도화서의 화원으로 최고의 화가만이 그릴 수 있는 임금님의 초상화를 몇 번이나 그렸어. 인물, 풍경, 동물, 신선 등 못 그리는 그림이 없었고, 저잣거리 서민들의 생활 모습을 담은 **풍속화**도 잘 그렸어. 인물의 표정은 생생하게, 동작은 생동감 있게 그려 그림에서 이야기가 툭툭 떠오르게 했단다.

내가 그린 또 다른 풍속화 〈서당〉이야. 아이들의 웃음소리가 들리는 것 같지?

이 그림은 풍속화 〈춤추는 아이〉야. 어깨를 들썩, 소매를 풀럭, 방실방실 웃으며 신나게 춤추는 아이를 봐. 왼발 끝으로 중심을 잡고 오른 다리를 훌쩍 들어 올렸어. 아이의 녹색 도포 자락이 나풀나풀 나부끼고, 어깨에 두른 띠가 너울너울 흔들려. 춤사위가 멋스럽고 경쾌하지?

악기를 연주하는 여섯 남자도 흥겨워 보여. 그림 위 왼쪽부터 북(좌고)을 치는 악공, 장구를 치는 악공, 피리를 부는 두 악공, 대금을 부는 악공, 해금을 연주하는 악공이 반원 모양으로 앉아 함께 연주하고 있어. 대금 옆의 피리 부는 악공은 숨을 가득 마셔 불룩해진 볼로 진지하게 연주하고, 그 옆의 악공은 힘을 빼고 편안히 피리를 불고 있어. 대조적인 두 사람의 얼굴이 재미있지?

실수로 해금 켜는 악공의 왼손을 거꾸로 그렸지 뭐야.

앗, 나의 실수!

어느 한낮의 갑작스러운 소동
야묘도추

화가 김득신
국적 조선
제작 18세기 후반
재료 종이에 수묵 담채
위치 간송 미술관

우당탕탕!
고양이가 일으킨
한낮의 소동을 그렸어.

나무에 꽃망울이 맺힌 어느 봄날, 마당에서 기회를 엿보고 있던 고양이가 병아리 한 마리를 덥석 물고 도망쳤어. "꼬꼬꼬꼬!" 놀란 닭이 소리치며 푸드덕푸드덕 고양이를 쫓고, 놀란 병아리들은 허둥지둥 날개를 펴고 도망쳤어. 마루에서 돗자리를 짜고 있던 남자가 고양이를 향해 곰방대를 휘두르다 우당탕 마당으로 넘어졌어. 탕건도 훌렁 벗겨졌지. 일하다 맨발로 뛰쳐나온 여자가 떨어지는 남자를 보고 어쩔 줄을 몰라 해. 고양이 한 마리가 평화롭던 한낮의 풍경을 시끌벅적하게 휘저어 놓았어.

이 그림의 제목은 〈야묘도추〉야. '들고양이가 병아리를 훔치다'라는 뜻이지. 〈파적도〉라고도 불리는데, '봄날의 고요함을 깨뜨린다'는 뜻이란다.

나는 **도화서** 화원 긍재 김득신이야. 김홍도, 신윤복과 함께 조선 시대 3대 풍속화가로 불리지. 내 풍속화를 보면 무슨 일이 벌어졌는지, 인물이 어떤 감정을 느끼는지 쉽게 짐작할 수 있어. 풍속화를 그릴 때 사람의 표정, 행동을 생동감 있게 담았기 때문이야. 나는 그림 속 상황이 더 잘 드러나도록 배경과 소품을 신경 써서 활용했단다. 그러니 배경과 소품도 살펴봐 줘.

↘ 검은 들고양이가 병아리를 물고 날쌔게 도망치고 있어. 주인 남자를 살피는 들고양이의 얼굴이 어쩐지 여유로워 보여.

고양이를 사랑한 화가
묘작도

화가 변상벽
국적 조선
제작 18세기 후반
재료 비단에 수묵 담채
위치 국립 중앙 박물관

두 고양이와 참새들을 사랑스럽게 그렸어.

나는 도화서의 화원인 화재 변상벽이야. 임금님의 초상화까지 그릴 만큼 실력이 뛰어났지만, 특히 고양이를 잘 그리고 좋아해서 '변고양이'라는 별명으로도 불렸어.

이 그림은 〈묘작도〉야. '고양이와 참새를 그린 그림'이라는 뜻이지. 초록 새순이 돋은 나무 위로 회색 줄무늬 고양이가 펄쩍 뛰어올랐어. 고양이는 앞발로 나무를 감싸듯 움켜잡고 뒷발을 나무에 디디고 있어. 나무에 매달리느라 날카로운 발톱을 모두 내놓았지. 나무에 딱 붙은 채 땅에 앉아 있는 검은 줄무늬 고양이를 보고 있어.

회색 줄무늬 고양이는 왜 나무에 오른 걸까? 검은 줄무늬 고양이를 피하려는 걸까, 참새를 잡으려는 걸까? 나뭇가지에 앉은 참새들이 짹짹 요란하게 울어. 고양이에 놀란 건지, 고양이를 놀리는 건지 모를 일이야. 두 마리의 고양이와 나무에 앉은 참새의 움직임이 사실적이고 재미있어.

그림 속 고양이의 유연하게 돌린 목, 둥글게 말린 등, 고부라진 꼬리, 힘을 준 뒷발을 봐. 고양이를 좋아해서 자세히 관찰하지 않으면 이렇게 못 그릴걸? 보드라운 고양이 털은 어떻고. 가느다란 붓으로 한 올 한 올 그려서 그 부드러움을 그림으로 전달했단다. 변고양이라는 별명, 나에게 딱 어울리지?

내가 그린 〈국정추묘〉야. 국화가 핀 뜰에 고양이가 웅크리고 있는 모습을 그렸어.

쉿! 달밤에 몰래 만난 연인
월하정인

화가 신윤복
국적 조선
제작 18세기 후반
재료 종이에 수묵 담채
위치 간송 미술관

> 눈썹 같은 달이 뜬 늦은 밤, 연인이 만나고 있어.

눈썹 같이 얇은 달이 뜬 밤이야. 남녀가 담벼락 뒤에서 만나고 있어. 초롱을 든 젊은 남자가 여인을 바라보고, 쓰개치마를 두른 여인도 새초롬히 남자를 바라보고 있어. 눈과 눈이 마주친 순간, 두 사람의 마음은 어떨까?

나는 혜원 신윤복이야. '달 아래의 사랑하는 사람'이라는 뜻의 〈월하정인〉을 그리고 밑에 이런 글을 적었어.

달은 깊고 밤은 어두운 삼경, 두 사람의 마음은 두 사람만 알리니.

삼경은 밤 11시에서 새벽 1시 사이, 컴컴하고 깊은 밤이야. 당시 조선 시대 한양에는 통행금지 시간이 있었어. 밤 8시부터 새벽 4시까지는 밖에 나가서는 안 되었단다. 그러니까 그림 속 남녀는 서로에 대한 마음을 참지 못하고 어두운 새벽, 아무도 다니지 않는 통금 시간에 남몰래 만난 거야. 두 사람의 애틋한 마음이 느껴지니?

나는 그림을 그릴 땐 굵기가 가느다란 붓인 **세필**을 써서 가는 선으로 인물을 세밀하게 표현했어. 곱게 색을 칠하는 것도 잊지 않았지. 같은 시대에 살았던 김홍도가 서민들의 삶을 구수하게 그렸다면, 나는 여인들의 모습을 세련되게 그렸어. 과부와 무당, 기생 등 다양한 여인이 내 그림의 주인공이 되었단다.

↳ 그림 속 초승달이 밤을 더 그윽하게 해.

프랑스 혁명의 정신이 깃든
민중을 이끄는 자유의 여신

화가 외젠 들라크루아
국적 프랑스
제작 1830년
재료 캔버스에 유채
위치 루브르 박물관

새로운 세상을 향해 앞장서는 자유와 평화의 여신을 그림으로 그렸어.

죽음이 깃든 어두운 전쟁터를 환히 밝히고 있는 저 여인은 누굴까? 여인은 맨발에 찢어진 노란 원피스를 입고 가슴을 훤히 드러낸 채 당당히 앞장서고 있어. 오른손에는 자유·평등·박애를 상징하는 삼색기를 높이 들고, 왼손에는 장총을 굳게 쥐었어. 여인의 강건하고 힘찬 모습에서 승리를 향한 강렬한 염원이 느껴져.

이 여인은 자유를 의인화해 그린 거야. 권총을 든 소년, 장총을 들고 실크 모자를 쓴 신사, 칼을 든 노동자 등 각계각층의 사람들이 여인을 따라 용기 있게 나서고 있어. 여인은 혁명의 현장에서 숨진 사람들을 밟으며 가장 앞서서 바리케이드를 지나고 있지.

내 이름은 외젠 들라크루아야. 나는 1830년 프랑스 시민 혁명이 일어났을 때 이 **전쟁화**를 그렸어. 왕의 군대에 맞서 싸우는 시민 혁명의 현장을 극적으로 구성하고 대담한 색채와 강한 명암 대비를 담아 강렬함을 더했지. 이 그림으로 프랑스 시민들의 자유를 향한 열망과 혁명의 뜨거웠던 순간을 세상에 알리고 싶었단다.

19세기 프랑스의 작가 빅토르 위고가 이 그림에서 영감을 받아 소설 《레 미제라블》을 집필했다고 해.

모든 인간은 자유롭고 평등한 권리를 갖고 태어났다니!

추워진 뒤에야 시들지 않음을 안다
세한도

화가 김정희
국적 조선
제작 1844년
재료 종이에 수묵
위치 국립 중앙 박물관

추운 겨울에도 시들지 않는 선비의 의리와 우정, 유배지의 외로움을 담았어.

나는 추사 김정희야. 최고의 학자이자 '추사체'를 만든 서예가, 문인 화가로 존경받는 삶을 살았지만 억울한 누명을 쓰고 제주도에 유배되고 말았단다. 그러자 가깝던 사람들이 모두 나에게서 등을 돌렸어. 나의 제자이자 역관(통역을 하는 관리)이던 이상적만이 전과 다름없었지. 이상적은 제주도에서 외롭게 지내는 나에게 청나라에서 가져온 귀한 책을 보내 주곤 했어.

나는 그런 이상적을 위해 이 〈세한도〉를 그려 선물했단다. '추운 시절의 그림'이란 뜻을 가진 〈세한도〉는 이상적에 대한 고마움과 우정, 제주도 유배 생활의 외로움을 담고 있지.

그림의 가장 오른쪽을 보면 늙은 소나무가 가지를 뻗고 있어. 구부러진 가지 끝에만 잎이 조금 매달렸어. 소나무 옆에는 푸른 잣나무가 서 있어. '겨울이 되어서야 소나무와 잣나무가 시들지 않는다는 걸 안다.'는 공자의 말씀을 그림으로 그린 거야.

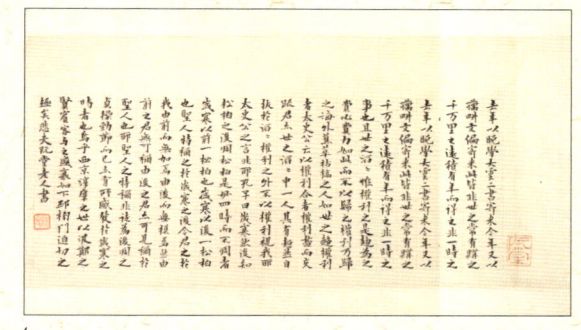

〈세한도〉의 왼쪽에는 내가 쓴 편지가 있어. 제자 이상적의 변함없는 행동을 칭찬하고 고마워한다는 내용이야.

유배지의 거친 생활 속 쓸쓸함은 마른 붓질로 표현했어. 나는 붓을 진한 먹에 적셔 물감을 닦아 낸 뒤 물기 없는 붓으로 간결하게 그려 외로움과 고단함을 담아냈단다.

매화가 활짝 핀 깊은 산골 외딴 집
매화초옥도

화가 전기
국적 조선
제작 19세기
재료 종이에 수묵 담채
위치 국립 중앙 박물관

> 깊은 산골, 매화 향기에 묻혀 사는 선비의 집을 그렸어.

글과 그림과 음악을 나누는 친구가 있다면 행복하겠지? 나는 그런 소중한 친구와의 한때를 〈매화초옥도〉라는 그림으로 남겼어. '매화초옥'은 '매화에 둘러싸인 집'이라는 뜻이야.

그림 속 계절은 겨울에서 봄으로 옮겨 가는 시기야. 하얀 산봉우리와 언덕이 있고, 골짜기에는 흰 매화꽃이 함박눈처럼 뿌려져 있어. 매화 향기가 그윽하게 흘러나올 것 같지?

나는 매화 골짜기 사이에 있는 친구 오경석의 집을 찾아가고 있어. 녹색 도포를 입은 친구가 집에서 창밖을 내다보고 있고, 붉은 도포를 입고 거문고를 어깨에 멘 내가 다리를 건너고 있지. 그림의 오른쪽 아래에 "친구 역매(오경석의 호)가 초옥에서 피리를 불고 있구나. 고람이 그리다."라고 적어 두었어.

나는 고람 전기야. 추사 김정희 선생님께 글과 그림을 배웠어. 추사 선생님은 내 그림의 담백함과 고요함을 좋아했지. '고람'이라는 호도 선생님께 받았단다.

조선 후기의 화가 조희룡이 그린 〈매화서옥도〉야. 내 그림과는 또 다른 느낌이지?

가난한 사람들의 신성한 노동을 그린
이삭 줍는 사람들

화가 장 프랑수아 밀레
국적 프랑스
제작 1857년
재료 캔버스에 유채
위치 오르세 미술관

> 허리를 숙여 이삭을 줍는 사람들은 농촌에서도 가장 가난한 농민이었어.

내가 그린 〈이삭 줍는 사람들〉을 봐. 세 여인이 머릿수건을 쓰고 앞치마를 두른 채 보리 이삭을 줍고 있어. 허리를 굽힌 세 사람의 몸은 단단해 보이고, 손은 투박해 보여. 우아하지도, 신비롭지도 않은 세 여인의 모습이 어쩐지 성스러워 보이지 않니?

당시 농민의 삶은 가난하고 고됐어. 자신의 땅이 없는 농민은 수확이 끝난 뒤, 땅에 남은 이삭을 주워 생계를 이어 갔어. 이삭줍기는 농촌에서도 가장 가난한 농민이나 여성이 하던 일이었지만, 나는 이삭을 줍는 여인들을 불쌍하게 그리고 싶지 않았어. 오히려 가족의 끼니를 위해 이삭을 줍는 노동이 얼마나 경건한 것인지 보여 주고 싶었어. 그래서 노동으로 다져진 여인들의 몸을 다부지고 강건하게 그렸어. 그 어깨 위를 부드러운 햇빛이 비추어 여인들의 노동을 더 아름답고 숭고해 보이도록 했지.

나는 장 프랑수아 밀레야. 농촌에서 태어나 파리에서 미술 공부를 했지. 나는 전염병을 피해 파리에서 시골 마을 바르비종으로 이사한 뒤, 농부와 농촌의 아름다움을 더 깊이 볼 수 있게 되었어. 그때부터 씨를 뿌리고, 키우고, 수확하는 농부들의 경건함을 담은 **농촌화**를 그리게 되었단다.

나와 같이 1800년대 바르비종 지역을 중심으로 야외에서 실제 풍경을 그린 화가들을 '바르비종파'라고 불러.

▶ 바르비종파인 카미유 코로가 그린 〈물가의 길〉이야.

59

배경 없이 그려서 인물이 돋보여
피리 부는 소년

화가 에두아르 마네
국적 프랑스
제작 1866년
재료 캔버스에 유채
위치 오르세 미술관

근위대복을 입은 소년이 피리를 불며 빈 공간에 서 있어.

나는 에두아르 마네야. 내가 어릴 때 카메라가 발명되었는데, 카메라는 보이는 그대로 사진을 찍는 신기한 기계였지. 나는 화가의 그림은 사진과 달라야 한다고 생각했어. 그래서 어떻게 하면 다르게 그릴 수 있을지를 고민하고 실험했어. 인물의 그림자, 윤곽선, 색, 배경 등을 다른 방식으로 그리려고 노력했단다.

1839년에 나온 세계 최초의 상업용 카메라야.

나는 모자를 쓴 한 소년이 피리를 연주하는 〈피리 부는 소년〉을 그렸어. 소년의 옷차림이 화려하고 강렬하지? 금색 단추가 달린 검은 웃옷, 검은 줄이 있는 붉은 바지, 어깨에서 허리로 늘어뜨린 하얀 장식, 가슴 쪽 금색 피리 통까지, 검정과 하양, 빨강과 노랑이 대비되어 근위병 제복이 더욱 선명하게 도드라져.

나는 그림에 배경을 생략해 새로움을 주었어. 소년의 몸에는 명암이 거의 보이지 않고, 그림자도 거의 드러나지 않아. 몸의 윤곽선은 또렷하게 살리고 배경은 생략해서 오로지 인물만 돋보이게 그렸단다. 명암을 통해 입체감을 보여 주던 과거의 표현 방식에서 벗어난 거야. 내 그림의 새로움은 젊은 **인상주의** 화가들에게 많은 영감을 주었단다. 그래서 나를 '인상주의의 아버지'라고 부르나 봐.

이른 아침 바다의 인상을 담다
인상, 해돋이

화가 클로드 모네
국적 프랑스
제작 1872년
재료 캔버스에 유채
위치 마르모탕 미술관

> 새벽의 바다는 무슨 색일까?
> 어둠이 걷히기 전,
> 빨간 아침 해가 떠오르는
> 바다 풍경을 그렸어.

나는 클로드 모네야. 나는 르아브르 항구에서 해가 뜨는 이른 새벽 풍경을 그렸어. 발갛게 물드는 하늘과 부연 안개에 가린 배들, 회색 안개 위로 새벽 해가 솟은 아침 바다의 변화무쌍한 풍경을 그림에 담기 위해 휙휙 빠르게 붓질을 했어. 이렇게 그린 그림이 〈인상, 해돋이〉야. 전시회에서 이 그림을 처음 본 사람들은 깜짝 놀라며 "대충 그린 스케치를 누가 전시한 거야?"라고 말했어. 내 새로운 시도를 이해하지 못하고 이상하게 느낀 거야.

이 전시회에는 내 그림 말고도 전통적인 것에서 벗어나려는 화가들의 새로운 그림이 많았어. 나를 포함한 젊은 화가들은 실제보다 더 우아하고 고상하게 보이도록 그리는 기존 미술을 거부했어. 우리는 일상에서, 눈앞의 풍경에서 그림의 소재를 찾아 화가의 눈에 잡힌 순간적인 인상을 그림에 담으려고 했어. 순간순간 빛의 변화에 따라 달라지는 색채를 붙잡아 그리다 보니 붓질이 거칠고 색은 얼룩덜룩해 보였지.

내 그림의 제목에서 따 붙여 만든 '인상주의'라는 말은 처음에는 우리를 무시할 때 쓰였어. 하지만 시간이 흐른 뒤 인상주의는 새로운 미술로 널리 사랑받게 되었단다.

↳ 나는 지베르니의 집에 있는 수련 연못을 250점 정도 그렸어.

예리한 관찰력으로 포착한 무대 뒤의 풍경
무용 수업

화가 에드가르 드가
국적 프랑스
제작 1873년~1876년
재료 캔버스에 유채
위치 오르세 미술관

> 자신을 빛내기 위해 끊임없이 연습하는 무대 뒤의 소녀들을 그렸어.

사진을 찍으면 인물의 다리, 옷자락, 머리카락 같은 게 잘리곤 하지? 정면에서 찍거나, 위에서 내려다보며 찍을 때, 아래에서 올려다보며 찍을 때마다 같은 장면도 다르게 보여. 나는 정면에서 그림을 그리는 대신 사진을 찍듯 다양한 각도에서 대상을 보며 그림을 그렸어.

내가 그린 〈무용 수업〉을 봐. 발레 무대에 오르기 전 소녀들이 쥘 페로 선생님에게 수업을 받고 있어. 지팡이를 든 선생님이 진지하고 근엄해 보이지? 선생님을 둘러싼 소녀들은 등을 긁적이는 소녀, 옷을 매만지는 소녀, 자세를 연습하는 소녀 등등 부산스러워. 가장자리에 있는 소녀들의 옷과 몸의 일부는 사진처럼 잘려 있어. 이런 **구도**는 이전에는 볼 수 없던 새로운 것이었지.

나는 에드가르 드가야. '발레리나의 화가'라는 별명이 붙을 만큼 많은 발레리나를 그렸어. 무대에서 빛나는 발레리나 말고도, 무대 뒤에서 고된 연습을 하며 노력하는 발레리나의 모습도 많이 그렸어. 무대를 위해 소녀들이 얼마나 노력하고 있는지 보여 주고 싶었거든. 또 발레리나뿐 아니라 세탁부, 재봉사 등 도시에서 일하는 사람들과 모자 가게, 경마장 등을 관찰하여 그림에 담아냈단다.

당시 발레리나는 가난한 집 소녀들이 제법 많은 돈을 벌 수 있는 일자리였어. 역시 발레리나를 그린 〈발레〉야.

즐겁게 춤추는 파리의 젊은이들
물랭 드 라 갈레트의 무도회

화가 피에르 오귀스트 르누아르
국적 프랑스
제작 1876년
재료 캔버스에 유채
위치 오르세 미술관

> 젊은이들이 즐겁게 노는 일요일 오후의 반짝반짝한 풍경을 그렸어.

나는 오귀스트 르누아르, 파리 몽마르트르와 젊은이들을 사랑한 화가야. 내가 그린 〈물랭 드 라 갈레트의 무도회〉라는 그림은 무도회장에 모인 젊은이들의 발랄하고 유쾌한 모습을 담고 있어. 사람들의 머리와 모자, 옷이 얼룩덜룩한 이유는 무도회장이 야외 나무 그늘 아래 있어서 그래. 나는 나뭇잎 사이로 비치는 빛과 그늘을 표현하고 싶었단다.

'물랭 드 라 갈레트'는 몽마르트르에 있는 유명한 무도회장이야. 파리 젊은이들은 일요일이면 이곳에 모여 춤을 추고 이야기를 나누었어. 옷차림이 멋있어 보이지? 사실 이들은 파리 곳곳에서 힘든 일을 하며 돈을 버는 가난한 젊은이들이란다. 주말에 한껏 차려입고 나와 춤을 즐기는 거지. 나는 젊은이들의 활기찬 분위기가 좋아. 현실이 아무리 고단해도 반짝이는 순간이 있다는 걸 보여 주거든.

파리에 있는 물랭 드 라 갈레트 식당이야.

흔히 나를 가리켜 '행복을 그린 화가'라고 부르지만, 내 삶은 평탄하지 않았어. 집안이 가난해서 학교 대신 도자기 공장을 다녀야 했고, 화가가 된 뒤에도 오랫동안 그림을 인정받지 못했어. 뒤늦게 이름을 알리게 되었지만 50대에는 관절염 때문에 붓을 쥐는 게 힘들어졌어. 하지만 아무리 힘든 일이 닥쳐도 난 언제나 즐거운 일, 기쁜 일을 찾아냈단다. 내 그림이 밝고 환한 건 낙천적인 내 성격 때문일 거야.

파리의 거리를 그림에 담다
파리의 거리, 비 오는 날

화가 귀스타브 카유보트
국적 프랑스
제작 1877년
재료 캔버스에 유채
위치 시카고 미술관

비 내리는 파리의 풍경을 멋지게 담아냈어.

프랑스 파리의 세련된 도시 풍경을 나만큼 사랑한 화가는 없을걸? 나는 귀스타브 카유보트야. 강 주변 풍경과 파리의 거리를 그림으로 담았단다.

이 그림은 비 오는 날, 거리를 걷고 있는 파리 시민들을 담고 있어. 돌바닥은 비에 젖어 있고, 돌과 돌 사이에 고인 물이 하얗게 반사되며 비 오는 풍경을 더 생동감 있게 만들지. 차분한 회색 색조의 세련된 거리와 사람들이 어우러져 파리 시민들의 일상 풍경을 보여 주고 있어.

그림 오른쪽에는 부부가 한 우산을 쓴 채 나란히 걷고 있어. 팔짱 낀 부부의 고개가 나란히 오른쪽으로 돌아가 있는 걸 보니 화면 너머에 무언가 있나 봐. 부부의 앞쪽에는 우산을 쓴 한 남자의 뒷모습이 보여. 이 남자의 몸은 화면에 반 밖에 나오지 않았어. 일부러 사진을 찍은 듯한 효과를 주기 위해 반만 그린 거야.

나는 인상주의 화가이지만 다른 화가들처럼 즉흥적으로 그리지 않았어. 미리 구도를 짜고, 선 원근법을 사용해 그림에 깊은 공간감과 거리감을 만들었지. 이 작품에서 유독 거리가 넓어 보이는 까닭도 **선 원근법**으로 건물을 배치했기 때문이란다.

↳ 선 원근법 중 두 개의 소실점을 사용한 '2점 투시도법'을 사용해서 배경의 건물을 더 웅장하고 입체적으로 그렸지.

사랑스러운 아이들이 있는 풍경
해변에서 노는 아이들

화가 메리 커셋
국적 미국
제작 1884년
재료 캔버스에 유채
위치 워싱턴 국립 미술관

> 볼이 통통한 두 아이가 모래놀이를 하고 있어.

통통하고 발그레한 볼을 가진 두 여자아이가 해변가 모래에 주저앉아 작은 양동이와 삽으로 모래 놀이를 하고 있어. 똑같은 원피스 차림이라 누가 봐도 자매라는 걸 알 수 있지. 뒤쪽에는 잔잔한 바다가 보이고, 흰 보트와 삼각형 돛을 단 요트가 떠 있어. 아이들이 놀고 있는 한가롭고 편안한 풍경이 마음을 따뜻하게 해. 〈해변에서 노는 아이들〉은 내가 조카들을 돌보며 그린 그림이야.

내 이름은 메리 커셋. 미국에서 부유한 집안의 딸로 태어났어. 당시 여성으로서는 드물게 남자들로 가득한 미대에 들어가 공부했지. 그 후 미술 공부를 위해 프랑스 파리로 갔고, 그곳에서 인생의 대부분을 보냈어. 인상주의 화가인 에드가르 드가를 만나 깊은 우정을 나누고, 미국인으로서는 유일하게 파리 인상주의 화가들과 전시회를 열었지. 나는 미국의 미술품 수집가들에게 인상주의 작품을 소개하고, 그들의 이름을 미국에 널리 알리기도 했단다.

나는 미국 여성의 참정권을 위해 전시회를 열기도 했어.

나는 여성의 삶에 깊은 관심을 가졌고, 여성의 일상을 애정 어린 눈으로 보았어. 이상화된 여성 대신 일상생활 속 여자아이, 아이와 함께 있는 어머니, 아이를 키우는 어머니를 밝은 색조로 부드럽게 그려 냈단다.

콕콕 점을 찍어 그린 그림
그랑드 자트 섬의 일요일 오후

화가 조르주 쇠라
국적 프랑스
제작 1884년~1886년
재료 캔버스에 유채
위치 시카고 미술관

휴양지로 놀러 온 시민들을 색점을 찍어 표현했어.

나는 조르주 쇠라야. 난 그림을 그릴 때 물감의 선명하고 맑은 색을 지키고 싶었어. 하지만 물감을 섞으면 색이 탁해졌어. 색을 섞을수록 **채도**는 낮아졌지.

'물감을 섞지 않고 색을 만들 수 없을까?'

나는 마침내 답을 찾았어. 바로 색점이야! 빨강 점을 콕콕 찍고, 그 사이에 파랑 점을 콕콕 찍어 봐. 가까이서 보면 빨강 점과 파랑 점일 뿐이지만, 멀리서 보면 우리 눈에서 점이 겹쳐서 중간색인 보라색으로 보여. 나는 이 원리를 활용해 '**점묘법**'이라는 새로운 기법을 발명했어. 점묘법은 선 대신 작은 색점을 찍어 그림을 그리는 기법이야. 이 기법으로 채도를 낮추지 않고 더 맑고 환한 색을 그림에 담을 수 있었어.

↘ 내 마지막 작품인 〈서커스〉야. 나는 서른한 살의 나이에 세상을 떠나서 결국 이 작품을 완성하지 못했어.

이 그림의 배경인 그랑드 자트 섬은 센강에 떠 있는 섬으로 주말이면 파리 시민들이 놀러 가는 곳이지. 나는 이 그림을 그리기까지 섬의 풍경을 여러 번 스케치하면서 사람 48명과 개 세 마리, 원숭이 한 마리를 그림 안에 정밀하게 배치해 꽉 짜인 정돈된 구도를 만들었단다.

나는 이 그림을 완성하는 데 2년이나 걸렸어. 색점을 하나씩 찍어 그림을 그리는 데는 많은 정성과 시간이 필요했거든. 인상주의 전시회에 걸린 그림을 본 관람객들은 깜짝 놀랐어. 가까이서 보면 그저 점일 뿐인데, 멀리서 보면 다양한 색채를 가진 멋진 그림이 되니 마법을 보듯 신기해했지. 힘들었지만 뿌듯했단다.

태양 같은 열정을 담은
해바라기

화가 빈센트 반 고흐
국적 네덜란드
제작 1888년
재료 캔버스에 유채
위치 노이에 피나코테크

이글거리는 태양처럼 강렬한 해바라기는 나의 뜨거운 마음을 담고 있단다.

나는 해바라기를 사랑한 화가 고흐야. 네덜란드에서 태어나 프랑스로 건너왔고, 남부의 작은 마을 아를에서 지냈어. 그러던 어느 날, 화가 고갱이 내가 사는 집에 와서 함께 지내겠다는 연락이 왔어. 나는 고갱을 기다리며 해바라기를 꺾어 꽃병에 꽂아 두고 그림을 그렸단다. 반가운 마음과 기다리는 마음을 담아서 말이야.

동생 테오에게는 이렇게 편지도 썼어.

**나는 매일 해가 뜨면 아침부터 일에만 몰두해.
꽃은 빨리 시드니까 단번에 그려야 해.**

그림 속 꽃잎을 펼치고 있는 노란 해바라기가 무척 강렬하지? 꼭 아를의 눈부신 태양을 보는 것 같아. 꽃병에 꽂힌 조그만 해바라기 봉오리, 활짝 핀 해바라기, 잎이 떨어진 해바라기 한 다발이 화면을 꽉 채우고 있어. 꽃병에서 유난히 흰 곳은 햇빛을 받아 환해진 부분이야. 그림을 그릴 때 햇살이 집 안으로 들어왔거든.

▶ 내가 지내던 방을 그린 〈아를의 침실〉이야. 해바라기처럼 노란 침대가 눈에 띄지.

이토록 설레며 그림을 그렸지만, 정작 고갱과 함께 지내는 건 쉽지 않았어. 우린 성격이 달라도 너무 달라서 툭하면 다툼을 벌였어. 하루는 고갱과 다투다가 너무 화가 난 나머지 내 귀를 스스로 잘랐어. 놀란 고갱은 서둘러 아를을 떠났고, 나는 병원에 입원하게 되었단다.

한낮의 색을 붙잡아 그린
모레 쉬르 루앙 부근의 포플러나무 오솔길

화가 알프레드 시슬레
국적 영국
제작 1890년
재료 캔버스에 유채
위치 오르세 미술관

야외의 풍경을 다양한 색채로 보여 주고 있어.

나는 나무와 강이 있는 풍경을 사랑한 화가 알프레드 시슬레야. 모네, 르누아르 등 파리의 젊은 인상주의 화가들과 함께 그림을 그렸어. 친구들이 이름을 알리고 유명해지는 동안에도 나는 별다른 이름을 얻지 못했어. 그래도 이 작품 속 곧게 뻗은 오솔길처럼 묵묵히 화가의 길을 걸어 나갔어.

이 그림은 프랑스 파리 근처에 있는 마을 모레 쉬르 루앙으로 이사해서 그린 그림이야. 울창한 포플러나무 사이 오솔길을 두 사람이 한가로이 걷고 있어. 포플러나무의 잎이 바람에 나부끼는데, 잎에 빛과 그림자가 어우러져 분홍, 노랑, 초록, 파랑, 보라색 등으로 다채롭게 반짝여. 또 두 줄로 심어진 나무들과 오솔길이 점점 좁아지면서 멀리멀리 이어지는 길을 대각선 구도의 선 원근법으로 표현했지.

나는 작업실에서 그림을 그리는 대신 주로 이젤을 들고 밖으로 나가 풍경을 그렸어. 순간순간 달라지는 빛 속의 자연을 보며 늘 감탄했지. 그 평온한 풍경 속 흐르는 구름과 반짝이는 햇빛, 바람에 나부끼는 나뭇잎, 땅에 드리우는 그림자 무늬를 그림에 잔잔하게 담아냈단다.

선 원근법은 소실점을 이용해 입체감을 표현하는 방법이란다.

폴 고갱이 그린 낙원
타히티의 여인들

화가 폴 고갱
국적 프랑스
제작 1891년경
재료 캔버스에 유채
위치 오르세 미술관

타히티섬에서 발견한 원시성을 그림에 담으려 했어.

나는 고갱이야. 고흐와 싸웠던 그 화가냐고? 맞아. 나는 고흐와 헤어지고 파리로 갔다가 다시 남태평양에 있는 타히티섬으로 떠났어. 화려하고 복잡한 유럽 미술에서 볼 수 없는 **원시 미술**의 순수성과 단순함을 그림에 담고 싶었거든. 나는 그곳에서 서양 문명의 손이 덜 닿은 부족 마을에서 지내며 내가 꿈꾸었던 원시성을 그림에 담아내었단다.

〈타히티의 여인들〉의 배경은 청색과 에메랄드 색의 열대 바다와 닿아 있는 황금색 모래사장이야. 모래사장에는 각기 다른 옷을 입은 두 원주민 여인이 앉아 있어. 왼쪽의 여인은 팔을 드러낸 채 빨간 치마를 입고 있는데, 타히티 전통 의상인 '파레오'야. 오른쪽 여인은 목과 팔을 가리는 분홍 드레스를 입었어. 타히티가 프랑스의 식민지가 되면서 들어온 유럽식 옷이야. 이 여인의 얼굴은 조금 우울해 보이고, 목까지 채운 분홍 드레스가 답답해 보여. 나는 두 여인의 옷차림으로 평화롭던 원시의 섬에 프랑스의 문화가 들어오면서 달라진 타히티의 모습을 표현했어.

또 빨강, 노랑, 파랑, 초록 등 강렬한 색을 썼어. 사람의 형태를 단순화하고, 윤곽선이 드러나게 그림을 그렸어. 배경 또한 단순하고 평면적으로 그렸지. 생동감 넘치는 원시 예술을 담으려 한 거란다.

인간의 불안과 고통을 그리다
절규

화가 에드바르 뭉크
국적 노르웨이
제작 1893년
재료 판지에 템페라, 유채, 파스텔
위치 오슬로 국립 미술관

> 나는 다리 위에서 아무에게도 들리지 않는 비명을 홀로 듣고 이 그림을 그렸어.

나는 에드바르 뭉크야. 어느 날 저녁, 나는 친구와 길을 걷고 있었어. 하늘을 피처럼 빨갛게 물들인 노을 아래 나는 하늘이 찢어질 것 같은 날카로운 비명을 들었어. 귀를 틀어막아도 소리를 막을 수 없었어. 그런데 이상한 건, 나 혼자만 그 비명을 들었다는 거야. 같이 가던 친구들은 아무도 비명을 듣지 못했다고 했지. 왜 나만 이런 경험을 했을까? 사실 우리 가족 중에는 정신병을 앓는 사람이 많았어. 나도 정신병에 대한 걱정으로 공포와 불안이 무척 심했어. 그 탓에 이런 기이한 경험을 했나 봐.

내가 그린 〈절규〉의 배경은 불안하기 그지없어. 사선으로 뻗은 위태로운 다리 옆, 구불구불 구부러진 검푸른 해안선이 보여. 그 위로 핏빛 하늘이 강처럼 흐르고 있어. 그 아래 다리에 선 남자의 얼굴은 겁에 질려 있어. 공포로 눈이 휘둥그렇고, 놀란 입은 쩍 벌어져 있어. 애써 귀를 막아도 쏟아지는 자연의 절규는 막을 수 없어. 공포에 휘어진 남자의 몸이 다리 끝에서 태연히 걸어오는 두 사람의 모습과 대비되며 기묘한 느낌을 만들어 내지. 〈절규〉는 인간의 마음 속 불안과 고통을 보여 주는 작품으로 많은 사람에게 공감을 받고 있단다.

↘ 나는 〈절규〉를 무척 좋아해서 **석판화**, **파스텔**, **크레용** 등 다양한 재료로 여러 번 그렸어. 이건 석판 인쇄한 〈절규〉야.

까악!

세잔의 특별한 사과
사과와 오렌지

화가 폴 세잔
국적 프랑스
제작 1899년경
재료 캔버스에 유채
위치 오르세 미술관

> 나는 움직이지 않고, 단단하고, 오래가는 사과를 가장 좋은 모델로 여겼어.

나는 폴 세잔이야. 나는 사람보다 사과가 좋아. 왜냐고? 사람은 모델을 세우면 한자리에 가만히 있는 걸 힘들어해서 내가 원하는 만큼 충분히 그리기가 어렵거든. 그런데 사과는 불평도 없이 오래도록 썩지 않고 한자리에 있잖아. 내가 정물화를 좋아하는 이유지.

이건 내가 그린 〈사과와 오렌지〉야. 소파의 흰 천 위에 먹음직스러운 사과와 오렌지가 놓여 있어. 그런데 어딘가 묘해 보이지? 바로 독특한 **시점** 때문이야. 나는 하나의 시점에서 그림을 그리는 전통적인 방법에서 벗어나고 싶었어. 그래서 왼쪽에서 보고, 오른쪽에서 보고, 위에서 보고, 아래에서도 본 사과, 오렌지, 과일 그릇, 접시, 물병을 한 화면에 그렸어. 이렇게 한 화면에 여러 개의 시점을 담은 것을 '복수 시점'이라고 해. 이 방식은 피카소와 브라크에게 영향을 주었어.

나는 말년에 고향의 생트 빅투아르산을 즐겨 그렸어. 약 90점이나 그렸지. 원근법에서 벗어나 자유롭게 그렸단다.

또 나는 모든 사물을 원통과 구, 원뿔과 같은 도형으로 그릴 수 있다고 생각했어. 어때? 그림 속에 도형이 보이는 것 같니?

황금처럼 반짝이는 사랑을 담다
키스

화가 구스타프 클림트
국적 오스트리아
제작 1908년~1909년
재료 캔버스에 유채
위치 벨베데레 미술관

> 황금빛으로 물든 화면 속 키스하는 연인의 애틋한 모습을 그렸어.

나는 오스트리아의 화가 구스타프 클림트야. 화려하고 장식적인 그림으로 사랑받았지. 〈키스〉는 나의 대표작이란다. 반짝반짝 황금색으로 빛나는 그림을 봐. 무릎을 꿇고 살포시 눈을 감은 여인의 볼에 남자가 입을 맞추고, 남자의 두 손은 여인의 얼굴을 소중히 감싸고 있지. 두 남녀의 몸은 황금색 옷에 감싸여 본래 하나였던 것처럼 꼭 붙어 있어. 강렬하고 애틋한 사랑에 빠진 듯 보여.

둘은 지금 위태롭게 기울어진 벼랑 끝에 있어. 심지어 여인은 발끝으로 벼랑을 지탱하고 있지. 꽃이 만발한 벼랑을 배경으로 사랑의 황홀함과 위태로움을 모두 표현했단다. 또한 남자는 사각형 무늬, 여자는 원 무늬 옷을 입어 독특한 조화를 이루고, 그림에 금박을 사용하여 화려함과 빛의 반짝이는 효과를 더했지.

나는 전통적인 그림만 고집하는 오스트리아 빈 미술로부터 분리되고자 '빈 분리파'를 만들었어. 과거의 방식에서 벗어나 솔직하고, 감각적이며, 장식적인 그림으로 새로운 미술의 바람을 불어넣었어. 그 후 '빈 분리파'에서도 나와 홀로 독창적인 그림을 그려 나갔지. 고집스레 나만의 길을 개척한 끝에 '황금시대'라 불리는 전성기를 맞으며 〈키스〉 같은 황홀하고 눈부신 그림을 세상에 내놓았단다.

〈키스〉의 여인으로 알려진 에밀리 플뢰게야. 나는 플뢰게와 평생 수백 통의 편지를 보내며 우정을 나누었어.

꿈에서 본 정글을 그리다

꿈

화가 앙리 루소
국적 프랑스
제작 1910년
재료 캔버스에 유채
위치 뉴욕 현대 미술관

정글에 한 번도 가 본 적 없는 내가 그린 정글 그림이야.

보름달이 뜬 밤, 이름 모를 풀과 나무로 우거진 깊은 정글에서 한 흑인 남자가 피리를 불고 있어. 남자의 앞에는 두 마리 사자가 눈을 부리부리하게 뜬 채 주변을 살피고 있어. 그 아래로 주홍 뱀이 스르르 지나가고, 뒤쪽 수풀에는 원숭이와 코끼리, 새가 숨어 있어. 그런데 왜 정글에 소파가 놓여 있는 걸까? 소파에 누워 있는 검은 머리 여인은 무언가를 향해 왼손을 뻗고 있어. 정글과 여인과 소파의 기묘한 결합이 자유롭게 이루어질 수 있는 건, 이 그림이 **상상화**이기 때문이란다.

나는 앙리 루소야. 원래 직업은 세금을 걷는 공무원이었어. 마흔 살 즈음에 처음으로 그림을 그리기 시작했어. 미술을 따로 배우지 않았기 때문에 처음에는 원근법이 어색하다, 색 조합이 이상하다며 비난을 받기도 했어. 하지만 나는 아랑곳하지 않았어. 그저 좋아하는 그림을 꾸준히 그려 나가며 비난받았던 것들을 나만의 매력으로 바꿔 나갔어.

나는 평일에는 본업을 하고 일요일에만 그림을 그려서 '일요 화가'라고 불리기도 했어. 그림은 〈풍경 속 자화상〉이야.

태어나서 한 번도 프랑스를 벗어난 적이 없는 내가 정글을 그릴 수 있었던 건 파리 식물원과 동물원, 만국 박람회의 전시 덕분이었어. 파리에서 다른 나라의 식물, 동물 등을 보고, 그걸 바탕으로 정글을 상상하며 그림을 그린 거야. 현실에 있는 것들과 머릿속의 상상을 더해 세상에 하나뿐인 정글 풍경을 완성했지.

불안한 청춘의 초상
꽈리 열매가 있는 자화상

화가 에곤 실레
국적 오스트리아
제작 1912년
재료 패널에 유채
위치 레오폴트 미술관

나는 종종 거울을 보며 스스로를 솔직하게 그렸어.

마르고 젊은 남자가 얼룩덜룩한 얼굴을 비스듬히 치켜들고 있어. 눈은 살짝 치켜 떴고, 눈썹도 살짝 올리고 있어. 이마에는 한 줄 주름이 패어 있어. 자신만만하면서도 반항적인 얼굴이야. 남자는 몸을 살짝 돌린 채 어깨를 비뚜름히 올렸어. 어두운 색의 옷과 흰 배경, 긴 줄기에 매달린 빨간 꽈리 열매가 색의 대비를 만들고 있지. 개성적인 윤곽선도 놓치지 말고 봐야 해. 날카로워 보이기도 하고, 예민해 보이기도 하는 구불구불한 선은 특유의 분위기를 가지고 있단다.

이 그림은 나의 자화상이야. 비스듬하게 치켜 든 얼굴과 색의 대비, 선의 굴곡이 자신감과 예민함, 불안이 뒤섞인 청년 예술가의 내면을 담아 냈다는 평을 듣고 있어.

↘ 내가 그린 또 다른 자화상들이야.

나는 오스트리아의 화가 에곤 실레란다. 빈 미술 학교에서 클림트 선생님에게 그림을 배웠어. 클림트 선생님의 수업은 즐거웠지만, 빈 미술 학교는 보수적이고 답답했어. 나는 중간에 학교를 그만두고 나만의 그림을 그려 나갔어. 〈꽈리 열매가 있는 자화상〉은 학교를 그만두고 3년 뒤에 그린 거야. 나는 서른도 되기 전인 1918년, 에스파냐 독감에 걸려 세상을 떠났는데, 그동안 그린 자화상이 100여 점에 이른단다.

시간과 움직임을 그림에 담다
줄에 매인 개의 움직임

화가 자코모 발라
국적 이탈리아
제작 1912년
재료 캔버스에 유채
위치 올브라이트녹스 미술관

> 사람이 자박자박, 강아지가 타박타박. 만화 같은 움직임이 담긴 그림이야.

한 여인이 걷고 있어. 치마 아래 구두가 경쾌하게 움직이고, 여인의 옆을 작은 개가 따라가. 개는 네 발로 발랄하게 걸으며 꼬리를 신나게 휙휙 흔들고 있어. 여인과 강아지 사이로 목줄이 바쁘게 흔들려. 〈줄에 매인 개의 움직임〉은 한 장면에 여러 겹의 움직임을 넣어서 여인과 강아지의 산책을 색다르게 표현했어.

그림에서 소리가 들리는 것 같지 않니? 구두가 자박자박, 개 발걸음이 토독토독, 목줄이 찰랑찰랑. 시간의 흐름과 움직임, 소리가 한 화면에 들어 있어. 나는 사람과 개의 방향, 속도, 움직임을 강조하기 위해 바닥에 수없이 많은 선을 그렸어.

내 이름은 자코모 발라야. 그림에 속도와 움직임을 어떻게 담아야 할지 연구했어. 날아가는 제비의 모습을 연속으로 겹쳐 그리거나, 달리는 소녀의 움직임을 겹쳐 그리는 식으로 흐르는 시간, 변화하는 움직임, 속도 등을 보여 주었어. 시간의 흐름에 따라 움직이는 대상을 관찰하고 **운동감**을 표현하는 데 중점을 두었지.

나처럼 시간과 속도 등을 그림에 담으려 한 화가들의 예술 운동을 '미래주의'라고 해. 미래주의 화가들은 산업화된 도시와 자동차, 기차 등 발전하는 기술과 기계 문명을 그림에 담아냈단다.

↘ 1886년 프랑스 생리학자 쥘 마레가 동물의 움직임을 연구하기 위해 찍은 사진이야. 나를 비롯한 미래주의자들은 이 사진에서 영감을 얻어 그림을 그렸단다.

도형과 색으로 그린 얼굴
세네치오

화가 파울 클레
국적 스위스
제작 1922년
재료 캔버스에 유채
위치 바젤 시립 미술관

동그라미, 네모, 직선, 곡선 등 도형으로 얼굴을 그렸어.

동그라미, 세모, 네모 등 도형과 색으로 재미난 얼굴을 그린 이 그림의 제목은 〈세네치오〉야. 가로, 세로 색으로 분할한 얼굴 안에 기하학적 선으로 만든 눈과 코를 그렸어. 얼굴의 한쪽 눈썹은 삼각형 모양으로 쑥 치켜 올라간 느낌을 줘. 덩달아 눈도 살짝 위로 치켜 올라가 있어. 다른 한쪽 눈썹은 둥글고, 눈이 살짝 내려가 있어. 치켜 올라간 눈의 눈동자는 정면을 보고, 살짝 내린 눈은 옆쪽을 봐. 코와 네모난 콧구멍 모두 비뚤어진 데다 콧구멍 크기마저 다르지.

색채도 특별해. 나는 그림 속 얼굴을 빨강, 노랑, 분홍, 살구색 등의 **난색**으로 칠했어. 밝고 사랑스러운 느낌이지? 배경의 주황색도 발랄한 분위기를 더해. 선과 색이 만나 어린아이 같은 장난스러움과 순수함이 느껴지는 재미난 그림이 되었어.

나는 스위스의 화가 파울 클레야. 풍경, 인물 등을 단순한 도형과 색으로 변형해 그렸고, 도형과 색채만으로도 사람의 마음에 울림을 줄 수 있다는 걸 보여 주었어. 음악과 미술을 결합해 그림 속 도형과 부드러운 색채가 음악처럼 동당동당 리듬감을 갖도록 만들기도 했어. 나의 단순하고 순수한 그림은 미술이 추상 회화로 나아가는 데 큰 영향을 주었단다.

도형, 선, 색으로 음악을 그리다
구성 8

화가 바실리 칸딘스키
국적 러시아
제작 1923년
재료 캔버스에 유채
위치 뉴욕 구겐하임 미술관

눈으로 음악을 들을 수 있을까?
나는 그림에 음악을 담았어.

나는 바실리 칸딘스키야. 모스크바 대학의 법학과 교수였는데, 어느 날 그림에 흠뻑 빠져 화가로 변신했어. 날 화가의 세계로 이끈 건 전시회에서 본 모네의 그림이었어. 〈건초더미〉라는 제목을 보지 않았다면 무엇인지 알지 못했을 색 덩어리에 큰 충격을 받았지. 나는 그 그림을 통해 색의 아름다운 조화만으로도 그림이 될 수 있다는 걸 깨달았단다.

내가 그린 〈구성 8〉을 봐. 동그라미와 세모, 네모, 직선, 곡선 등 다양한 모양의 기하학적 요소로 이루어져 있어. 이 가운데 가장 눈에 띄는 건 왼쪽 위에 있는 커다란 검은 원이야. 검은 원 안에 보라색 원이 있고, 검은 원 바깥에는 달무리처럼 번진 붉은색이 보여. 날카로운 직선과 부드러운 곡선이 서로 교차하는 공간에 색색의 원이 점점이 펼쳐져. 원과 직선, 곡선, 색이 서로 긴장과 조화를 만들며 우주의 음악을 들려주는 듯해.

나는 세상의 사물이나 풍경을 그대로 그리는 것에서 벗어나 정신, 생각, 감정, 음악처럼 눈에 보이지 않는 것들을 새로운 방식으로 그리는 미술을 연구했어. 마침내 도형과 선, 색 등으로 이루어진 **추상화**를 처음 그린 화가 중 한 명이 되었단다.

세상에! 이런 그림이!

건초더미
모네

어른어른 환영을 붙잡아 화폭에 옮긴
어릿광대의 사육제

화가 호안 미로
국적 에스파냐
제작 1924년~1925년
재료 캔버스에 유채
위치 올브라이트녹스 미술관

> 가난한 화가였던 나는 방에서 굶주림을 참다가 환영을 보고 이 그림을 그렸어.

　나는 호안 미로야. 에스파냐에서 프랑스 파리로 온 가난하고 젊은 화가였어. 어느 날, 굶주림에 지쳐 침대에 쓰러졌는데, 눈앞에 어른어른 환영이 떠오르는 거야. 그 환영을 놓칠세라 그림으로 그린 것이 바로 〈어릿광대의 사육제〉란다.

　그림을 봐. 온갖 정체를 알 수 없는 이상하고 신기한 것들로 가득해. 휘적휘적 하늘을 날아다니는 녀석도 있고, 바닥에서 노는 녀석도 있어. 또 이상한 물건과 희한한 기호도 있지. 현실에 없는 기묘한 것들의 축제가 화가의 방에서 열렸어. 이곳이 어디인지는 창밖을 보면 알 수 있어. 창 너머 검은 삼각형이 에펠 탑이란다.

프로이트 박사는 인간에게는 꿈 등을 통해서만 드러나는 무의식이 있다는 이론을 펼쳤어. 이 이론을 바탕으로 무의식의 세계를 그리려는 '초현실주의'가 태어났지.

　그림의 왼쪽에는 얼굴의 반은 파랗고 반은 빨간색인 콧수염 어릿광대를 그렸어. 기타처럼 생긴 몸에 다이아몬드 무늬가 있어. 광대의 왼편에 그린 긴 사다리는 방을 탈출해 높이 올라가고 싶은 나의 마음을 담았어. 오른쪽에 있는 화살에 뚫린 초록색 동그라미는 지구를 정복하고 싶은 마음을 담은 거야. 바닥에서 털실을 가지고 노는 귀여운 고양이 두 마리도 놓치지 마. 내가 키우는 고양이를 모델로 그렸단다.

　나는 이 그림을 제1회 **초현실주의** 전시회에 출품했어. 내 그림을 본 사람들은 재밌고 놀라운 상상력에 마음을 빼앗겼어. 이 그림을 통해 나는 이상하고 신비로운 초현실주의 미술을 대표하는 화가가 되었단다.

배고파-….

가장 미국적인 미국인의 모습을 그린
아메리칸 고딕

화가 그랜트 우드
국적 미국
제작 1930년
재료 패널에 유채
위치 시카고 미술관

두 사람은 옆집에 사는 가족처럼 소박해 보여. 그게 이 그림의 매력이야.

나는 그랜트 우드야. 미국의 시골 마을에 사는 평범한 화가였단다. 어느 날 길을 가다가 뾰족한 삼각형 지붕에 **고딕 양식**의 창문이 있는 집을 보았어. 전형적으로 생긴 미국 농촌의 집이 내 마음을 사로잡았지. 나는 이 집을 배경으로 평소 알고 지내던 치과 의사와 내 누이동생을 모델로 그림을 그렸어. 두 사람은 그림에서 시골집의 농부 아버지와 딸이 되었지.

그림 속 아버지와 딸은 이웃에 살 것 같은 평범하고 친숙한 모습이야. 갈퀴를 든 채 정면을 바라보는 아버지는 검은 양복 안에 일하기 좋은 멜빵 청바지를 입고 있어. 아침부터 저녁까지 농장에서 성실하게 일하는 엄격한 아버지의 모습이야. 단정히 머리를 묶은 딸은 검은 원피스 위에 앞치마를 입었어. 답답한 아버지 때문일까? 어딘가 뚱한 표정으로 입을 꾹 다물고 있어.

그림의 모델이 된 고딕 양식의 창문이 있는 집이야. 미국 아이오와주에 있어.

이 그림은 전시회에서 관람객들에게 큰 인기를 끌었어. 왜냐고? 이 그림이 그려진 1930년대 미국은 대공황 시기였어. 경제가 나빠지며 미국의 많은 중산층이 파산했고, 농부들은 자기 땅을 잃어버렸지. 힘든 시절을 보내던 사람들은 그림 속 농부에게서 가족과 집을 지키며 살아가는 평범한 미국 농부의 자부심을 발견했어. 사람들은 내 그림에서 큰 위로를 받았단다. 〈아메리칸 고딕〉은 지금도 미국인의 정체성을 보여 주는 가장 미국적인 그림이라는 찬사를 받고 있단다.

선과 색으로 그려진 뉴욕
브로드웨이 부기우기

화가 피터르 몬드리안
국적 네덜란드
제작 1942년~1943년
재료 캔버스에 유채
위치 뉴욕 현대 미술관

> 복잡한 도시의 풍경을 선, 면, 색으로 보여 주었지.

자연을 아주 단순하게 그리면 무엇이 남을까? 나는 자연의 형태를 따라 그리는 구상화에서 벗어나 그 안에 숨겨진 내면의 질서를 찾아내고 싶었어. 수년 동안 빼고, 또 빼는 실험을 계속했고 그 결과로 선과 색채로 이루어진 세상을 발견했단다. 직선과 무채색, 빨강, 노랑, 파랑의 삼원색으로 이루어진 나만의 추상화가 태어났지.

내 이름은 피터르 몬드리안이야. 나는 유럽에서 일어난 제2차 세계 대전을 피해 늙은 몸을 이끌고 미국 뉴욕으로 건너갔어. 나는 활기가 넘치는 뉴욕에 푹 빠졌어. 우뚝 솟은 고층 빌딩, 반듯반듯 닦인 길, 그리고 부기우기 음악을 사랑하게 되었지. 부기우기란 당시 뉴욕에서 인기를 끌었던 흑인 블루스 음악이야.

뉴욕을 그림에 담고 싶었던 나는 〈브로드웨이 부기우기〉를 그렸어. 직선과 사각형, 색으로 이루어진 그림이 무슨 뉴욕이냐고? 노란 수평선과 수직선을 쭉 뻗은 도로라고 생각해 봐. 위에서 내려다본 도시 지도 같지 않니? 노란 선 바깥의 사각형은 높이 솟은 건물처럼 보여. 노란 도로에 점점이 박힌 빨강, 파랑, 회색 사각형이 반짝이는 뉴욕의 불빛 같기도 하고, 경쾌한 부기우기 음악의 리듬 같기도 해.

내 그림은 문화에 큰 영향을 끼쳤어. 지금까지도 많은 디자이너가 나의 그림을 옷이나 가구, 건물 등에 활용하고 있어.

단순한 선과 순수한 색으로 질서와 균형을 담아낸 나의 추상화는 '차가운 추상'이라고 불리며 새로운 미술의 가능성을 열었단다.

자신을 그리며 감정을 들여다보다
테우아나를 입은 자화상

화가 프리다 칼로
국적 멕시코
제작 1943년
재료 패널에 유채
위치 뉴욕 베르겔 재단

> 나는 강렬한 감정을 담아 나의 자화상을 그렸어.

한 여인의 이마에 한 남자의 얼굴이 있어. 그림 속 여인은 바로 나, 프리다 칼로야. 남자는 내 남편 디에고 리베라란다. 우리는 서로를 가장 잘 이해하는 친구이자 부부였어. 나는 내 자화상 이마에 디에고를 그려 그가 내 삶의 일부이자 영혼의 일부임을 알린 거야. 하지만 디에고와 함께 있다고 해서 내 마음이 행복하기만 한 건 아니었어. 그 마음을 머리에 장식된 꽃에서부터 뻗어 나온 잔뿌리가 사방에 퍼지는 것으로 표현했지. 그림 속 나는 레이스로 장식된 멕시코 전통 의상 '테우아나'를 머리에 쓰고 있어. 이 자화상은 멕시코의 긴 역사를 안고 이 땅에 선 여인, 격렬한 고통을 참으며 살고 있는 여인의 모습을 담고 있기도 하단다.

나는 어릴 적 소아마비를 앓아 오른쪽 다리를 절었어. 열여덟 살에는 버스 사고로 척추와 골반을 다쳐 오랫동안 침대에 누워 있어야 했어. 이 사고로 평생 아픔에 시달렸고, 여러 차례 수술을 받아야 했단다. 그리고 사고의 고통을 이겨 내기 위해 그림을 그리기 시작했어.

나는 주로 자화상을 그렸어. 왜 자화상을 그리느냐는 질문에 "나는 나를 가장 잘 알기에 나를 그립니다."라고 대답했지. 자화상은 내가 나의 과거와 현재를 탐험하고, 스스로의 상태를 살피는 통로였거든. 나는 자화상을 통해 몸과 마음을 괴롭히는 고통과 외로움을 마주했던 거야.

↳ 멕시코시티에 있는 프리다 칼로 박물관이야. 파란색 벽이 인상적인 이곳은 내가 태어나서 자라고 세상을 떠날 때까지 살던 곳이란다.

종이로 오려 붙인 청년의 꿈
이카로스

화가 앙리 마티스
국적 프랑스
제작 1947년
재료 **구아슈**를 칠한 종이 오리기와 스크린 프린트
위치 조르주 퐁피두 센터

이카로스는 하늘을 날고 있을까, 바다로 추락하고 있을까?

파란 배경 속 검은 실루엣은 그리스 신화 속 인물인 이카로스야. 이카로스는 아버지 다이달로스와 함께 미궁에 갇혔는데, 뛰어난 발명가였던 다이달로스는 탈출을 위해 밀랍과 깃털로 날개를 만들었어. 다이달로스는 이카로스에게 날개를 달아 주며 태양 가까이 가면 날개가 녹으니 조심하라고 경고했지. 하지만 미궁을 빠져나간 이카로스는 하늘을 나는 즐거움에 취해 경고를 잊어버리고 너무 높이 날아올랐어. 결국 날개의 밀랍이 태양에 녹았고, 이카로스는 바다에 떨어져 목숨을 잃었지.

그림 속 이카로스를 봐. 파란 하늘을 날고 있는 걸까, 파란 바다로 떨어지고 있는 걸까? 이카로스 주변에는 별처럼 보이는 노란 깃털이 날리고 있어. 밀랍이 녹는 것도 모르고 태양을 향해 날아오른 젊은이의 열정과 꿈이 가슴에 빨간 점으로 박혀 있단다.

나는 앙리 마티스야. 본래는 유화를 그렸는데, 그림의 강렬한 색채가 꼭 야수 같다고 해서 '**야수파**'라고 불렸어. 하지만 나이가 들면서 건강이 나빠져 그림을 그리기가 힘들었어. 그래서 종이 오리기 작업을 하게 되었어. 구아슈로 색칠한 종이를 가위로 잘라 붙였지. 종이 오리기는 단순하면서도 장식적이야. 형태는 자유로웠고, 색채는 강렬해. 〈이카로스〉도 종이 오리기로 만들었단다.

내가 그린 〈모자를 쓴 여인〉이야. 야수파의 시초가 된 작품인데, 공개되자마자 비난을 받았어.

리듬 있게 휙휙 뿌려진 그림
가을의 리듬(넘버 30)

화가 잭슨 폴록
국적 미국
제작 1950년
재료 캔버스 천에 페인트
위치 메트로폴리탄 미술관

물감을 뿌려 만든 이 그림은 위와 아래, 왼쪽과 오른쪽의 구분이 무의미해.

나는 미국의 화가 잭슨 폴록이야. 나는 심리 치료를 받던 중 의사의 권유로 밑그림 없이 손이 가는 대로 자유로운 선과 색을 그림에 담기 시작했어. '캔버스에 밑그림을 그린 뒤 붓으로 칠한다.'는 과거의 전통을 따르지 않고, 물감을 뿌려 그림을 그리기로 한 거야.

나에게는 이젤도, 팔레트도 필요하지 않았어. 커다란 캔버스 천을 바닥에 펼쳐놓고 천 주위를 춤추듯 돌며 몸 전체를 사용해 페인트를 흩뿌렸어. 붓이나 나무 막대를 페인트 통에 담갔다 꺼내어 휙 뿌리면 그게 점이 되고 선이 되고 무늬가 되었지. 나는 물감을 뿌린 뒤 다른 물감을 뿌리고 또 다른 물감을 뿌렸어. 겹겹이 쌓인 물감은 독특한 조화를 이루며 한 폭의 그림이 되었단다. 그렇게 완성한 그림이 〈가을의 리듬〉이야. 이 그림은 위아래도 없고 좌우도 없어. 대신 검은색, 흰색, 황토색의 선들이 살아있는 듯 뒤엉켜 활기차고 격렬한 느낌을 만들고 있지.

나는 붓으로 그리는 전통적인 방식에서 벗어나 자유로운 행위로 그림을 만드는 '**액션 페인팅**' 기법을 만들었어. 액션 페인팅은 화가가 물감을 뿌리고 흘리는 행동까지 모두 그리기의 일부로 삼았는데, 이 개념은 현대 미술에 큰 영향을 주었단다.

1946년부터 1953년까지 내가 그림을 그리던 스튜디오 바닥이야. 이렇게 지저분해질 수밖에 없겠지?

우리 민족의 뜨거운 혼을 담다
황소

화가 이중섭
국적 대한민국
제작 1950년대
재료 종이에 유채
위치 국립 현대 미술관

> 한국 전쟁으로 어수선한 때에 우리 민족 같은 소의 울음을 그림에 담았어.

내 이름은 이중섭이야. 1945년에 일어난 한국 전쟁은 나의 생활을 송두리째 바꿔 놓았어. 전쟁이 일어나자 고향인 평안남도 평원에서 아내와 아이들과 함께 남쪽으로 피난을 떠났는데, 우리 가족은 이곳저곳 떠돌며 힘들게 지냈어. 결국 아내는 아들들을 데리고 일본으로 피신했고, 나는 홀로 떠돌며 가족과 만날 날을 기다렸어.

나는 돈을 벌기 위해 막노동을 하며 〈황소〉를 비롯해 여러 그림을 그렸어. 종이를 살 돈이 떨어지면 사람들이 버린 담배 은박지를 주워 거기에 그림을 그리기도 했어. 은박지에 송곳처럼 날카로운 것으로 그림을 새기고, 물감이나 잉크를 칠한 뒤 닦아 낸 이 그림을 '**은지화**'라고 한단다.

〈황소〉는 붉은 하늘을 배경으로 울부짖는 황소를 그린 그림이야. 커다란 눈을 치뜬 황소의 입에서 쏟아지는 뜨거운 소 울음이 붉은 하늘로 퍼져 나가는 듯해. 황토색과 갈색의 굵은 선으로 거칠고 두텁게 표현했어. 소의 몸에서 강한 힘이 느껴지지? 황소는 꼭 우리 민족 같아. 끈기 있게 인내하면서도 때로는 분노하고 때로는 굳건히 버티며 어려움을 헤쳐 나가지. 나는 우리 민족을 강인한 황소의 모습으로 그렸어.

↘ 나는 평생 가족을 그리워하며 살았어. 그래서 내가 그린 은지화에도 가족이 많이 등장하지.

미술 어휘

*가나다순으로 정리했습니다.

고딕 양식: 12세기 중엽에 유럽에서 생긴 건축 양식으로, 하늘 높이 치솟은 뾰족한 첨탑과 수직적인 느낌이 특징이다.

구도: 화가가 원하는 효과를 얻기 위해 모양, 색깔, 위치 등을 조화롭게 배치하는 것.

구아슈: 물에 녹는 불투명한 물감과 그 물감으로 그린 그림. '불투명 수채'라고도 한다.

난색: 따뜻한 느낌을 주는 색. 노란색, 빨간색 계통의 색을 말한다. 반대로 차가운 느낌을 주는 파란색 계통의 색은 '한색'이라고 한다.

농촌화: 농부의 노동 등을 담은 농촌 풍경을 그린 그림.

단체 초상화: 단체의 사람들을 한 그림에 담은 초상화. 17세기에 네덜란드에서 유행했다.

도화서: 조선 시대 최고의 화가들이 근무하던 관청. 이곳에서 일했던 화가들을 '화원'이라고 불렀다.

르네상스 미술: 14~17세기 사이 이탈리아를 중심으로 일어난 인간 중심 미술. 고대 그리스 로마의 고전적 아름다움을 되살리려 하며 인간의 이성, 비례, 조화를 중시한 예술 작품이 태어났다.

명암: 밝음과 어둠의 대비. 입체감, 실재감 등을 표현할 수 있다.

밑그림: 본격적으로 그림을 그리기 전 간단히 선으로 그린 그림.

상상화: 직접 보지 않고 상상해서 그린 그림.

석판화: 물과 기름이 섞이지 않는 원리를 이용해 석판에 그림을 그려 찍어 내는 기법.

선 원근법: 원근법의 하나로, 소실점을 사용해 평면 위에 입체적 공간감을 주는 기법으로 '투시 원근법'이라고도 한다.

세필: 얇은 선을 그릴 수 있는 가는 붓으로 표현하는 기법.

수묵 담채화: 먹을 중심으로 진함과 연함을 살려 그린 수묵화에 엷은 채색을 넣은 동양화.

수채화: 물감을 물에 풀어서 그린 그림으로, 유화와 달리 그림이 투명한 색감이 특징이다.

시점: 화가가 눈높이를 어디에 두고 사물을 바라보는가를 말한다. 하나의 시점으로 고정해 보는 걸 '단일 시점', 여러 곳에서 바라보는 걸 '복수 시점'이라고 한다.

액션 페인팅: 완성된 작품이 아닌, 현실에서 그리는 행위 자체를 중요시하는 미술.

야수파: 20세기 초 프랑스에서 일어난 예술 운동으로, 강렬한 색채를 사용한 것이 특징이다.

양감: 표현 대상의 부피감, 무게감, 덩어리감.

운동감: 화면에서 느껴지는 사물의 움직임. '동세'라고도 한다.

원근법: 물체의 크기와 명암 등을 달리해 멀고 가까움을 느낄 수 있게 표현하는 기법.

원시 미술: 전통문화를 배경으로 만들어진 원주민 미술. 전통을 존중하여 단순하고 날것 그대로인 풍습을 담고 있다.

유채화: 물감을 기름에 개어 그리는 그림. 주로 서양화에서 쓰이며 불투명한 색감이 특징이다. 줄여서 '유화'라고도 부른다.

은지화: 은박지에 뾰족한 도구로 그린 그림.

인상주의: 19세기 후반에 프랑스를 중심으로 일어난 예술 운동으로, 있는 그대로의 것을 재현하기 보다는 빛과 함께 변화하는 자연의 인상을 자유롭게 표현했다.

자화상: 자기 자신을 그린 그림.

전쟁화: 전쟁 장면을 그린 그림.

점묘법: 선 대신 작은 색점을 찍어 그림을 그리는 기법.

정물화: 과일, 꽃, 화병 등 스스로 움직이지 못하는 물체를 놓고 그린 그림.

진경산수화: 실제 풍경을 사실적으로 그린 산수화.

채도: 색의 순수한 정도. 색이 선명하고 짙으면 채도가 높고, 흐리면 채도가 낮다.

초충도: 풀과 벌레 등을 그린 그림.

초현실주의: 지금까지의 예술을 부정하고 프로이트의 정신 분석에서 영향을 받아 무의식, 꿈의 세계를 표현하려 한 예술.

추상화: 현실의 사물을 담는 대신 점, 선, 면, 색채 등을 통해 표현하는 그림.

템페라: 색채 가루인 안료를 달걀노른자, 아교질 등으로 이겨 만든 물감.

패널: 캔버스를 대신해서 쓰는 나무로 만든 그림판.

풍속화: 그 시대의 생활과 풍습 등을 담은 그림.

프레스코: 벽화를 그릴 때 쓰는 기법 중 하나. 석회를 바른 벽에 반죽이 채 마르기 전에 수채로 그린다.

사진 출처 및 소장처

10쪽 〈아르놀피니 부부의 초상〉: 런던 내셔널 갤러리
12쪽 〈비너스의 탄생〉: 우피치 미술관
13쪽 〈시모네타 베스푸치의 초상〉: 슈테델 미술관
14쪽 〈산토끼〉: 알베르티나 미술관
15쪽 〈아담과 이브〉: 슈테델 미술관
16쪽 〈모나리자〉: 루브르 박물관
17쪽 〈모나리자〉가 도난당한 자리: 위키 퍼블릭
18쪽 〈아담의 창조〉: 시스티나 예배당
19쪽 〈피에타〉: 성 베드로 대성전, Stanislav Traykov, CC BY 2.5
20쪽 〈아테네 학당〉: 바티칸 궁 서명의 방
22쪽 〈모견도〉: 국립 중앙 박물관
23쪽 〈모견도〉: 국립 민속 박물관
24쪽 〈초충도(수박과 들쥐)〉: 국립 중앙 박물관
25쪽 오만 원짜리 지폐: 한국 은행
26쪽 〈농부의 결혼식〉: 빈 미술사 박물관
28쪽 〈베르툼누스〉: 스웨덴 스코클로스테르성
29쪽 〈루돌프 2세의 초상화〉: 빈 미술사 박물관
30쪽 〈야경〉: 암스테르담 국립 미술관
31쪽 〈34세의 렘브란트의 자화상〉(좌): 런던 내셔널 갤러리
31쪽 〈63세의 렘브란트의 자화상〉(우): 런던 내셔널 갤러리
32쪽 〈시녀들〉: 프라도 미술관
33쪽 〈갈색과 은색의 펠리페 4세〉: 런던 내셔널 갤러리
34쪽 〈진주 귀고리를 한 소녀〉: 마우리츠하위스 미술관
35쪽 〈우유를 따르는 여인〉: 암스테르담 국립 미술관
36쪽 〈자화상〉: 고산 윤선도 전시관
37쪽 〈모피 코트를 입은 자화상〉: 알테 피나코테크
38쪽 〈인왕제색도〉: 국립 중앙 박물관
39쪽 오늘날 인왕산 모습: 한국학 중앙 연구원
40쪽 〈영통동구도〉: 국립 중앙 박물관
42쪽 〈마라의 죽음〉: 벨기에 왕립 미술관
44쪽 〈춤추는 아이〉: 국립 중앙 박물관
45쪽 〈서당〉: 국립 중앙 박물관
46쪽 〈야묘도추〉: 간송 미술관, 위키 퍼블릭
48쪽 〈묘작도〉: 국립 중앙 박물관
49쪽 〈국정추묘〉: 간송 미술관, 위키 퍼블릭
50쪽 〈월하정인〉: 간송 미술관, 위키 퍼블릭
52쪽 〈민중을 이끄는 자유의 여신〉: 루브르 박물관
53쪽 《레 미제라블》: 위키 퍼블릭
54쪽 〈세한도〉: 국립 중앙 박물관
56쪽 〈매화초옥도〉: 간송 미술관, 국립 중앙 박물관
57쪽 〈매화서옥도〉: 한국학 중앙 연구원
58쪽 〈이삭 줍는 사람들〉: 오르세 미술관
59쪽 〈물가의 길〉: 클라크 미술관
60쪽 〈피리 부는 소년〉: 오르세 미술관
61쪽 다게레오 타입 카메라: 위키 퍼블릭
62쪽 〈인상, 해돋이〉: 마르모탕 미술관
63쪽 〈수련〉: 개인 소장, 위키 퍼블릭
64쪽 〈무용 수업〉: 오르세 미술관
65쪽 〈발레〉: 오르세 미술관
66쪽 〈물랭 드 라 갈레트의 무도회〉: 오르세 미술관
67쪽 물랭 드 라 갈레트 식당: Son of Groucho, CC BY 2.0
68쪽 〈파리의 거리, 비 오는 날〉: 시카고 미술관
70쪽 〈해변에서 노는 아이들〉: 워싱턴 국립 미술관
71쪽 메리 커셋: 위키 퍼블릭
72쪽 〈그랑드 자트 섬의 일요일 오후〉: 시카고 미술관
73쪽 〈서커스〉: 오르세 미술관
74쪽 〈해바라기〉: 노이에 피나코테크
75쪽 〈아를의 침실〉: 반 고흐 미술관
76쪽 〈모레 쉬르 루앙 부근의 포플러나무 오솔길〉: 오르세 미술관
78쪽 〈타히티의 여인들〉: 오르세 미술관
80쪽 〈절규〉: 오슬로 국립 미술관
81쪽 석판 인쇄한 〈절규〉: 뉴욕 현대 미술관
82쪽 〈사과와 오렌지〉: 오르세 미술관
83쪽 〈생트 빅투아르산〉: 필라델피아 미술관
84쪽 〈키스〉: 벨베데레 미술관
85쪽 에밀리 플뢰게: 위키 퍼블릭
86쪽 〈꿈〉: 뉴욕 현대 미술관
87쪽 〈풍경 속 자화상〉: 프라하 국립 미술관
88쪽 〈꽈리 열매가 있는 자화상〉: 레오폴트 미술관
89쪽 〈오렌지 코트를 입은 자화상〉(좌): 헤이그 시립 미술관
89쪽 〈줄무늬 셔츠를 입은 자화상〉(우): 레오폴트 미술관
90쪽 〈줄에 매인 개의 움직임〉: 올브라이트녹스 미술관
91쪽 질주하는 말: 위키 퍼블릭
92쪽 〈세네치오〉: 바젤 시립 미술관

94쪽 〈구성 8〉: 뉴욕 구겐하임 미술관
96쪽 〈어릿광대의 사육제〉: 올브라이트녹스 미술관
97쪽 지크문트 프로이트: 위키 퍼블릭
98쪽 〈아메리칸 고딕〉: 시카고 미술관
99쪽 〈아메리칸 고딕〉의 모델이 된 집: 위키 퍼블릭
100쪽 〈브로드웨이 부기우기〉: 뉴욕 현대 미술관
101쪽 몬드리안의 영향을 받은 건물: 셔터스톡
102쪽 〈테우아나를 입은 자화상〉: 뉴욕 베르겔 재단
103쪽 프리다 칼로 박물관: 위키 퍼블릭
104쪽 〈이카로스〉: 조르주 퐁피두 센터
105쪽 〈모자를 쓴 여인〉: 샌프란시스코 현대 미술관
106쪽 〈가을의 리듬(넘버 30)〉: 메트로폴리탄 미술관
107쪽 잭슨 폴록이 사용한 스튜디오 바닥: Rhododendrites, CC BY-SA 4.0
108쪽 〈황소〉: 국립 현대 미술관, 위키 퍼블릭
109쪽 은지화: 한국 데이터 산업 진흥원(김달진 미술 연구소)

숙제 부록 카드

본문에서는 명화가 그려진 시대순으로 소개했지만,

부록에서는 명화의 제목으로 찾기 쉽도록

한글의 가나다 순서대로 정리해 놓았습니다.

앞쪽 면에는 명화 작품을 보여 주고,

뒤쪽 면에는 명화 관련 핵심 요약 정보를 담았습니다.

절취선이 있어서 손으로 쉽게 뜯을 수 있으니

학교 숙제로 활용해 보세요.

도형, 선, 색으로 음악을 그리다
구성 8

화가	바실리 칸딘스키
국적	러시아
제작	1923년
재료	캔버스에 유채
위치	뉴욕 구겐하임 미술관

> 눈으로 음악을 들을 수 있을까?
> 나는 그림에 음악을 담았어.

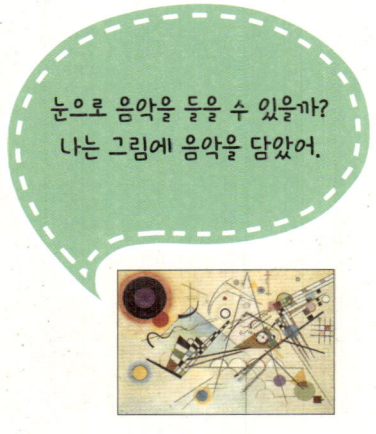

리듬 있게 휙휙 뿌려진 그림
가을의 리듬(넘버 30)

화가	잭슨 폴록
국적	미국
제작	1950년
재료	캔버스 천에 페인트
위치	메트로폴리탄 미술관

> 물감을 뿌려 만든 이 그림은
> 위와 아래, 왼쪽과 오른쪽의
> 구분이 무의미해.

불안한 청춘의 초상
꽈리 열매가 있는 자화상

화가	에곤 실레
국적	오스트리아
제작	1912년
재료	패널에 유채
위치	레오폴트 미술관

> 나는 종종 거울을 보며
> 스스로를 솔직하게 그렸어.

콕콕 점을 찍어 그린 그림
그랑드 자트 섬의 일요일 오후

화가	조르주 쇠라
국적	프랑스
제작	1884년~1886년
재료	캔버스에 유채
위치	시카고 미술관

> 휴양지로 놀러 온 시민들을
> 색점을 찍어 표현했어.

흥겨운 시골의 결혼식 풍경
농부의 결혼식

화가	피터르 브뤼헐
국적	네덜란드
제작	1568년
재료	패널에 유채
위치	빈 미술사 박물관

> 농부의 결혼 잔치로 창고 안이 떠들썩해. 빵과 스프만으로도 즐거워 보여.

꿈에서 본 정글을 그리다
꿈

화가	앙리 루소
국적	프랑스
제작	1910년
재료	캔버스에 유채
위치	뉴욕 현대 미술관

> 정글에 한 번도 가 본 적 없는 내가 그린 정글 그림이야.

매화가 활짝 핀 깊은 산골 외딴 집
매화초옥도

화가	전기
국적	조선
제작	19세기
재료	종이에 수묵 담채
위치	국립 중앙 박물관

> 깊은 산골, 매화 향기에 묻혀 사는 선비의 집을 그렸어.

혁명가의 최후를 숭고하게 그린
마라의 죽음

화가	자크 루이 다비드
국적	프랑스
제작	1793년
재료	캔버스에 유채
위치	벨기에 왕립 미술관

> 프랑스 혁명의 지도자를 순교자로 표현했어.

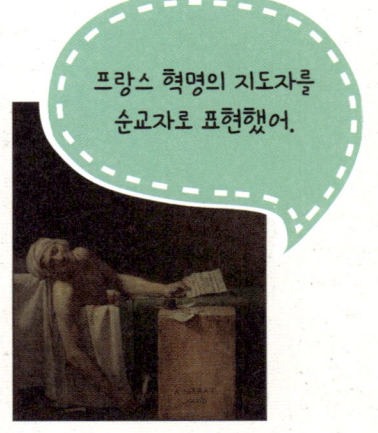

신비한 미소를 간직한 그림
모나리자

화가	레오나르도 다빈치
국적	이탈리아
제작	1503년~1519년
재료	패널에 유채
위치	루브르 박물관

> 모나리자의 눈이 우리를 따라오는 것처럼 보인다고? 스푸마토 기법 때문이야.

어미 개와 강아지들의 평화로운 한때
모견도

화가	이암
국적	조선
제작	16세기 전반
재료	종이에 수묵 담채
위치	국립 중앙 박물관

> 순한 어미 개와 귀여운 강아지 세 마리의 포근한 순간을 그렸어.

고양이를 사랑한 화가
묘작도

화가	변상벽
국적	조선
제작	18세기 후반
재료	비단에 수묵 담채
위치	국립 중앙 박물관

> 두 고양이와 참새들을 사랑스럽게 그렸어.

한낮의 색을 붙잡아 그린
모레 쉬르 루앙 부근의 포플러나무 오솔길

화가	알프레드 시슬레
국적	영국
제작	1890년
재료	캔버스에 유채
위치	오르세 미술관

> 야외의 풍경을 다양한 색채로 보여 주고 있어.

즐겁게 춤추는 파리의 젊은이들
물랭 드 라 갈레트의 무도회

화가	피에르 오귀스트 르누아르
국적	프랑스
제작	1876년
재료	캔버스에 유채
위치	오르세 미술관

> 젊은이들이 즐겁게 노는 일요일 오후의 반짝반짝한 풍경을 그렸어.

예리한 관찰력으로 포착한 무대 뒤의 풍경
무용 수업

화가	에드가르 드가
국적	프랑스
제작	1873~1876년
재료	캔버스에 유채
위치	오르세 미술관

> 자신을 빛내기 위해 끊임없이 연습하는 무대 뒤의 소녀들을 그렸어.

과일로 그린 맛있는 초상화
베르툼누스

화가	주세페 아르침볼도
국적	이탈리아
제작	1591년경
재료	캔버스에 유채
위치	스코클로스테르성

> 모델인 황제 루돌프 2세는 내가 그린 신기하고 재미난 초상화를 좋아했어.

프랑스 혁명의 정신이 깃든
민중을 이끄는 자유의 여신

화가	외젠 들라크루아
국적	프랑스
제작	1830년
재료	캔버스에 유채
위치	루브르 박물관

> 새로운 세상을 향해 앞장서는 자유와 평화의 여신을 그림으로 그렸어.

조개껍데기를 탄 여신
비너스의 탄생

화가	산드로 보티첼리
국적	이탈리아
제작	1485년경
재료	캔버스에 템페라
위치	우피치 미술관

> 파도에서 태어나 해안으로 건너 온 사랑의 여신 비너스를 화폭에 담았어.

선과 색으로 그려진 뉴욕
브로드웨이 부기우기

화가	피터르 몬드리안
국적	네덜란드
제작	1942년~1943년
재료	캔버스에 유채
위치	뉴욕 현대 미술관

> 복잡한 도시의 풍경을 선, 면, 색으로 보여 주었지.

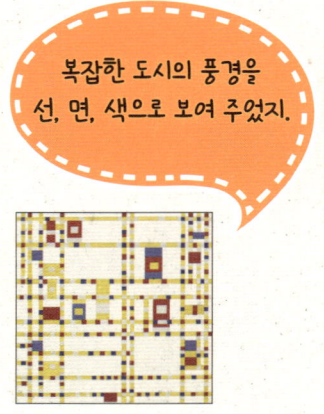

쫑긋쫑긋 귀를 움직일 듯 생생한
산토끼

화가	알브레히트 뒤러
국적	독일
제작	1502년
재료	종이에 수채
위치	알베르티나 미술관

> 산토끼가 금방이라도 귀를 쫑긋할 것처럼 생생하지?

세잔의 특별한 사과
사과와 오렌지

화가	폴 세잔
국적	프랑스
제작	1899년경
재료	캔버스에 유채
위치	오르세 미술관

> 나는 움직이지 않고, 단단하고, 오래가는 사과를 가장 좋은 모델로 여겼어.

추워진 뒤에야 시들지 않음을 안다
세한도

화가	김정희
국적	조선
제작	1844년
재료	종이에 수묵
위치	국립 중앙 박물관

> 추운 겨울에도 시들지 않는 선비의 의리와 우정, 유배지의 외로움을 담았어.

도형과 색으로 그린 얼굴
세네치오

화가	파울 클레
국적	스위스
제작	1922년
재료	캔버스에 유채
위치	바젤 시립 미술관

> 동그라미, 네모, 직선, 곡선 등 도형으로 얼굴을 그렸어.

인간이 탄생하는 순간
아담의 창조

화가	미켈란젤로 부오나로티
국적	이탈리아
제작	1508년~1512년
재료	프레스코
위치	시스티나 예배당

> 하느님과 아담의 두 손 끝이 닿는 순간, 이 땅에 인간의 역사가 시작되었어.

그림 밖의 풍경까지 상상해 봐!
시녀들

화가	디에고 벨라스케스
국적	에스파냐
제작	1656년경
재료	캔버스에 유채
위치	프라도 미술관

> 작품 속 인물들의 시선을 들여다봐. 누가 누구를 보고 있을까?

가장 미국적인 미국인의 모습을 그린
아메리칸 고딕

화가	그랜트 우드
국적	미국
제작	1930년
재료	패널에 유채
위치	시카고 미술관

> 두 사람은 옆집에 사는 가족처럼 소박해 보여. 그게 이 그림의 매력이야.

엄숙한 결혼의 서약을 그린
아르놀피니 부부의 초상

화가	얀 반에이크
국적	네덜란드
제작	1434년
재료	패널에 유채
위치	런던 내셔널 갤러리

> 결혼 서약을 하는 부부의 그림 속에 화가의 모습이 숨어 있어.

그림 속 배경이 낮인데 밤으로 알려진
야경

화가	렘브란트 하르먼스 판레인
국적	네덜란드
제작	1642년
재료	캔버스에 유채
위치	암스테르담 국립 미술관

> 민병대의 단체 초상화야. 마치 연극 무대의 한 장면 같지 않니?

무려 50여 명의 철학자를 그린
아테네 학당

화가	라파엘로 산치오
국적	이탈리아
제작	1510년~1511년
재료	프레스코
위치	바티칸 궁 서명의 방

> 고대 그리스의 위대한 철학자 50여 명을 한자리에 모았어.

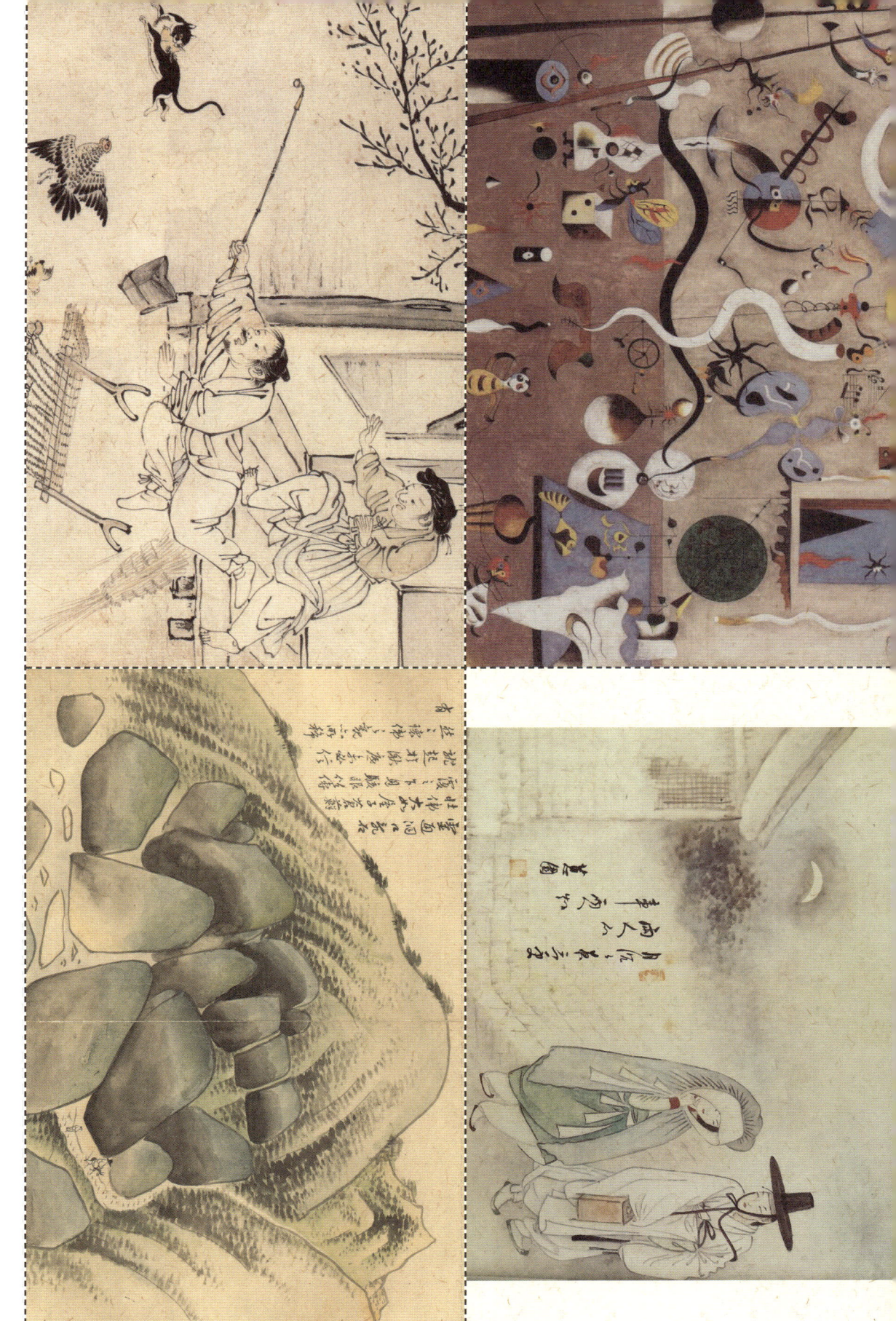

어른어른 환영을 붙잡아 화폭에 옮긴
어릿광대의 사육제

화가	호안 미로
국적	에스파냐
제작	1924년~1925년
재료	캔버스에 유채
위치	올브라이트녹스 미술관

> 가난한 화가였던 나는 방에서 굶주림을 참다가 환영을 보고 이 그림을 그렸어.

어느 한낮의 갑작스러운 소동
야묘도추

화가	김득신
국적	조선
제작	18세기 후반
재료	종이에 수묵 담채
위치	간송 미술관

> 우당탕탕! 고양이가 일으킨 한낮의 소동을 그렸어.

쉿! 달밤에 몰래 만난 연인
월하정인

화가	신윤복
국적	조선
제작	18세기 후반
재료	종이에 수묵 담채
위치	간송 미술관

> 눈썹 같은 달이 뜬 늦은 밤, 연인이 만나고 있어.

서양화 기법을 활용해 그린 동양화
영통동구도

화가	강세황
국적	조선
제작	1757년경
재료	종이에 수묵 담채
위치	국립 중앙 박물관

> 큰 바위 사이로 난 산길을 나귀 탄 선비가 지나가고 있어.

종이로 오려 붙인 청년의 꿈
이카로스

화가	앙리 마티스
국적	프랑스
제작	1947년
재료	구아슈를 칠한 종이 오리기와 스크린 프린트
위치	조르주 퐁피두 센터

> 이카로스는 하늘을 날고 있을까, 바다로 추락하고 있을까?

가난한 사람들의 신성한 노동을 그린
이삭 줍는 사람들

화가	장 프랑수아 밀레
국적	프랑스
제작	1857년
재료	캔버스에 유채
위치	오르세 미술관

> 허리를 숙여 이삭을 줍는 사람들은 농촌에서도 가장 가난한 농민이었어.

인왕산의 풍경이 눈앞에 펼쳐지다
인왕제색도

화가	정선
국적	조선
제작	1751년
재료	종이에 수묵
위치	국립 중앙 박물관

> 바위산인 인왕산의 비 온 뒤의 풍경을 그렸어. 이 그림은 우리 땅 우리 풍경을 담은 진경산수화야.

이른 아침 바다의 인상을 담다
인상, 해돋이

화가	클로드 모네
국적	프랑스
제작	1872년
재료	캔버스에 유채
위치	마르모탕 미술관

> 새벽의 바다는 무슨 색일까? 어둠이 걷히기 전, 빨간 아침 해가 떠오르는 바다 풍경을 그렸어.

인간의 불안과 고통을 그리다
절규

화가	에드바르 뭉크
국적	노르웨이
제작	1893년
재료	판지에 템페라, 유채, 파스텔
위치	오슬로 국립 미술관

> 나는 다리 위에서 아무에게도 들리지 않는 비명을 홀로 듣고 이 그림을 그렸어.

유령이 아니야!
자화상

화가	윤두서
국적	조선
제작	1710년경
재료	종이에 수묵 담채
위치	고산 윤선도 전시관

> 공중에 얼굴만 떠 있는 유령 같다고? 옷 부분이 지워져서 그래.

북유럽의 모나리자
진주 귀고리를 한 소녀

화가	얀 페르메이르
국적	네덜란드
제작	1665년경
재료	캔버스에 유채
위치	마우리츠하위스 미술관

> 뒤돌아보는 소녀의 청초한 눈과 맑은 표정에 마음을 빼앗길 거야.

시간과 움직임을 그림에 담다
줄에 매인 개의 움직임

화가	자코모 발라
국적	이탈리아
제작	1912년
재료	캔버스에 유채
위치	올브라이트녹스 미술관

> 사람이 자박자박, 강아지가 타박타박. 만화 같은 움직임이 담긴 그림이야.

장단에 맞춰 들썩들썩 덩실덩실
춤추는 아이

화가	김홍도
국적	조선
제작	18세기 후반
재료	종이에 수묵 담채
위치	국립 중앙 박물관

> 흥겨운 연주 속에 소년이 즐거이 춤추고 있어.

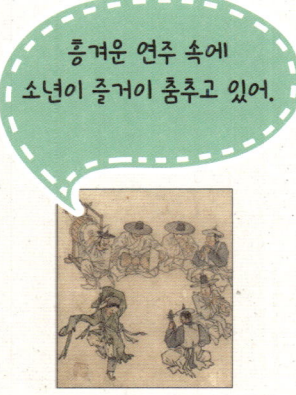

마당의 작은 생명들을 그림에 담다
초충도(수박과 들쥐)

화가	신사임당
국적	조선
제작	16세기 전반
재료	종이에 채색
위치	국립 중앙 박물관

> 나비와 패랭이꽃, 수박, 생쥐처럼 집 가까이서 만나는 작은 생명을 그렸어.

폴 고갱이 그린 낙원
타히티의 여인들

화가	폴 고갱
국적	프랑스
제작	1891년경
재료	캔버스에 유채
위치	오르세 미술관

> 타히티섬에서 발견한 원시성을 그림에 담으려 했어.

황금처럼 반짝이는 사랑을 담다
키스

화가	구스타프 클림트
국적	오스트리아
제작	1908~1909년
재료	캔버스에 유채
위치	벨베데레 미술관

> 황금빛으로 물든 화면 속 키스하는 연인의 애틋한 모습을 그렸어.

파리의 거리를 그림에 담다
파리의 거리, 비 오는 날

화가	귀스타브 카유보트
국적	프랑스
제작	1877년
재료	캔버스에 유채
위치	시카고 미술관

비 내리는 파리의 풍경을 멋지게 담아냈어.

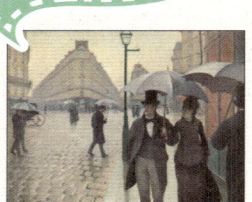

자신을 그리며 감정을 들여다보다
테우아나를 입은 자화상

화가	프리다 칼로
국적	멕시코
제작	1943년
재료	패널에 유채
위치	뉴욕 베르겔 재단

나는 강렬한 감정을 담아 나의 자화상을 그렸어.

태양 같은 열정을 담은
해바라기

화가	빈센트 반 고흐
국적	네덜란드
제작	1888년
재료	캔버스에 유채
위치	노이에 피나코테크

이글거리는 태양처럼 강렬한 해바라기는 나의 뜨거운 마음을 담고 있단다.

배경 없이 그려서 인물이 돋보여
피리 부는 소년

화가	에두아르 마네
국적	프랑스
제작	1866년
재료	캔버스에 유채
위치	오르세 미술관

근위대복을 입은 소년이 피리를 불며 빈 공간에 서 있어.

• 내가 만들고 싶은 명화 카드 •

• 내가 만들고 싶은 명화 카드 •

• 내가 만들고 싶은 명화 카드 •

사랑스러운 아이들이 있는 풍경
해변에서 노는 아이들

화가	메리 커셋
국적	미국
제작	1884년
재료	캔버스에 유채
위치	워싱턴 국립 미술관

> 볼이 통통한 두 아이가 모래놀이를 하고 있어.

• 내가 만들고 싶은 명화 카드 •

우리 민족의 뜨거운 혼을 담다
황소

화가	이중섭
국적	대한민국
제작	1950년대
재료	종이에 유채
위치	국립 현대 미술관

> 한국 전쟁으로 어수선한 때에 우리 민족 같은 소의 울음을 그림에 담았어.